Dieta Mediterránea

Dieta Mediterránea: La Guía Definitiva para Principiantes y Libro de Recetas Para la Dieta Mediterránea - Plan de Alimentación Para Bajar de Peso Y Disminuir el Riesgo de Enfermedades del Corazón + Plan de Alimentación de 14 Días, 40+ Recetas Probadas Fáciles Para un Corazón Saludable

Por *Simone Jacobs*

Para más libros geniales visite:

HMWPublishing.com

Descargar otro libro Gratis

Quiero agradecerle por la compra de este libro y le ofrecemos otro libro (tan largo y valioso este libro), "Errores de Salud y Fitness que Usted no Sabe Que Está Cometiendo", completamente gratis.

Visite el siguiente enlace para registrarse y recibirlo:

www.hmwpublishing.com/gift

¡En este libro, voy a analizar los errores en salud y fitness más comunes que usted probablemente está cometiendo ahora mismo, y voy a revelar cómo puede conseguir fácilmente la mejor forma de su vida!

Además de este valioso regalo, también tiene la oportunidad de obtener nuestros libros nuevos gratis, entrar en sorteos y recibir otros mensajes valiosos de mi parte. Una vez más, visite el enlace para registrarse: www.hmwpublishing.com/gift

Tabla de Contenidos

Introducción   12

Capítulo 1: ¿Qué es la Dieta Mediterránea?   15
Un Poco de Historia sobre la Dieta Mediterránea 18
¿Cómo funciona la Dieta Mediterránea? 20

Capítulo 2: ¿Cómo Vivir Más Tiempo?   27
Una Manera Increíblemente Deliciosa de Perder Peso y Estar Saludable 27
    Semillas y Frutos Secos 28
    Fruta 28
    Especias y Hierbas 29
    Vino 30
    Granos Enteros 30
    Pescados y Mariscos 32
    Frijoles 32
    Verduras 33
    Yogur Griego 34
    Aceite de Oliva 36
Los Beneficios para la Salud de la Dieta Mediterránea 37
    Mejora la fertilidad 37
    Mantiene la dentadura sana 38
    Mantiene los ojos sanos 38

Bebés más saludables 39
Pulmones más Saludables 39
Alivia la artritis reumatoide 40
Previene la enfermedad de Parkinson 40
Previene la enfermedad de Alzheimer 41
Mantiene lejos la depresión 41
Ayuda con la gestión los esfuerzos para la pérdida de peso 42
Protege de la diabetes 43
Disminuye el colesterol, los niveles de presión arterial y el riesgo de enfermedades del corazón 43
Combate ciertos tipos de cáncer 44
Combate ciertas enfermedades crónicas 44
Mejora la función cognitiva 45
Alarga la vida 46

Capítulo 3: El Inicio de un Camino Hacia la Salud 48

Alcohol 48
   ¿Cuánto puedo consumir en la dieta mediterránea? 49
Carnes 49
   ¿Cuánto puedo consumir en la dieta mediterránea? 50
Productos Lácteos 50
   ¿Cuánto hay en la Dieta Mediterránea? 50
Grasas y Aceites 51
   ¿Cuánto puedo consumir en la dieta mediterránea? 52

Pescado 52
Qué Hacer Si no Le Gusta el Pescado 52
¿Cuánto puedo consumir en la dieta mediterránea? 53
Cereales y Granos 54
¿Cuánto puedo consumir en la dieta mediterránea? 55
Frutos Secos y Frutas 55
¿Cuánto puedo consumir en la dieta mediterránea? 56
Legumbres 56
¿Cuánto puedo consumir en la dieta mediterránea? 57
Verduras 57
Qué Hacer Si no le Gustan las Verduras 58
¿Cuánto puedo consumir en la dieta mediterránea? 58
La Pirámide de la Dieta Mediterránea 59
Menú Diario 59
Menú Semanal 63
Menú Mensual 64
Sustituciones 64
Recordatorios Importantes 65

Capítulo 4: La Lista de Alimentos de la Dieta Mediterránea   67

Verduras 68
Legumbres 69
Frutos Secos y Frutas 72
Sustituciones 72

Pescado 74
Grasas y Aceites 76
Productos Lácteos 78
La Guía De Compras para la Dieta Mediterránea 79
Aceites 79
Vinagre 80
Especias y hierbas secas 80
Mariscos y Carnes 80
Empacados y Enlatados 81
Frijoles Enlatados y Secos 81
Granos Enteros 82
Semillas y Frutos Secos 82
Refrigerados 82
Queso 83
Productos 83

Capítulo 5: Cómo Tener Éxito Con la Dieta Mediterránea   85

Pruebe Cada Sabor 85
Conozca Su Peso Ideal 86
Esté con la gente que Ama 86
Elija un Estilo de Vida Saludable 87
La Moderación es la Clave 88
Siga el tamaño de porción y frecuencia de alimentos recomendados. 88

Hidrátese 89
Coma Huevos 89
Reduzca la ingesta de sal 90
Beba Moderadamente 90
Aperitivo de queso, productos lácteos bajos en grasa, semillas y frutos secos 91
Frutas para Postre 91
Aumente los Alimentos de Grano Entero 91
Envase sus comidas con Verduras 92
Intercambie las Proteínas 92
Utilice Aceites Vegetales 93

Capítulo 6: Plan de Comidas de 14 Días de la Dieta Mediterránea   95

Semana 1 95
    Día 1 95
    Día 2 95
    Día 3 96
    Día 4 97
    Día 5 98
    Día 6 98
    Día 7 99
Semana 2 101
    Día 1 101
    Día 2 101

Día 3 102
Día 4 102
Día 5 103
Día 6 103
Día 7 104

Capítulo 7: Recetas de desayuno   105

Tortitas o Panqueques Esponjosos 105
Parfait de yogur con granola 107
Queso de cabra y cebolleta Frittata 108
Yogur Crujiente y Cremoso 110
Bagel con mantequilla de maní y Chocolate de leche 111
Dip de Ricota con Pita y Pasas 112
Panqueques con Ricota Cremosa 113
Pan de trigo tostado y huevos revueltos occidentales 115
Barra de energía 117
Cerezas y cereales 118
Batido o jugo de Jamba 119
Arándano y la mezcla de queso Ricota 120

Capítulo 8: Recetas de Almuerzo   122

Ensalada de Garbanzos 122
Alcachofa y Sándwich de pavo 124
Sándwich Pita de vegetales y salsa de pepino con Yogur griego 126

Ensalada y Pizza 128
Ensalada de Maíz, Frijol Negro y Salsa de Tomate 129
Hamburguesa Vegetariana y patatas frescas 131
Servicio Italiano y Tomates 133
Pasta de atún 134
Plato de Desayuno para el Almuerzo 135
Huevos Revueltos con Queso Feta 136
Almuerzo Ala Sub Shop 138

Capítulo 9: Aperitivos 139
Galletas y Dip 139
Cubierta Cremosa de Garbanzo 140
Dip de crema agridulce y vegetales 142
Batido de Naranja y Piña 143
Yogur de nuez: 144
Yogur con nueces y salvado de pasas 145
Verduras y Humus sazonado 146
Galletas, mantequilla de maní y leche 147
Cebolla y Crema Agria para untar con Verduras 148
Mantequilla de Maní y Manzana 149
Crema agridulce para verduras y frutas 150

Capítulo 10: Recetas de Cena 151
Kebabs de pollo 151
Sándwich de Mozzarella y tomate 153

Lubina Mediterránea a la Plancha 155
Pollo Agridulce Mediterráneo 160
Ensalada de Verano de Camarones y Albahaca 163
Pollo a la plancha y ensalada griega 165
Carne picada desmenuzada con cuscús de tomate y
espárragos 167
Pargo a la Parrilla o Halibut 169
Pan plano con espinacas y feta 171
Orzo y vieiras 173
Verduras asadas al estilo Mediterráneo 175

Capítulo 11: Postres   177
Paletas de leche de fresa 177
Paletas de chocolate 178

Palabras Finales   179

Acerca del coautor   181

11

Introducción

Quiero agradecerle y felicitarle por la adquisición del libro "La Guía Definitiva de la Dieta Mediterránea para Principiantes, Plan de Alimentación MÁS Recetas".

Este libro contiene pasos probados y estrategias sobre cómo perder peso y ser más saludable sin tener que hacer una dieta real. También descubrirá cómo puede comerse los rellenos y deliciosas comidas. Además, aprenderá las ventajas de llenar sus comidas con verduras, frutas, nueces, legumbres y más. Además, también aprenderá algunos consejos sobre cómo puede tener éxito adoptando la dieta mediterránea. Por último, incluso le proporcionaremos un plan de comidas de muestra y recetas estilo Mediterráneas, ¡que puede empezar inmediatamente! Nuevamente, gracias por la compra de este libro, ¡espero que lo disfrute!

También, antes de comenzar, le recomiendo <u>unirse a nuestro boletín de correo electrónico</u> para recibir actualizaciones sobre los próximos lanzamientos de libros o promociones. Usted puede registrarse de forma gratuita, y como bono, recibirá un regalo gratis. Nuestro libro "*Errores de Salud & Fitness Que no sabe Que está Cometiendo*". Este libro ha sido escrito para desmitificar, exponer todo lo que debe y no debe hacer y, por último, proveerle a usted la información que necesita para estar en la mejor forma de su vida. Debido a la abrumadora cantidad de información errónea y las mentiras contadas por revistas y auto proclamados "gurús", se está volviendo cada vez más difícil de obtener información confiable para ponerse en forma. En lugar de tener que pasar por decenas de fuentes parciales y poco fiables para obtener su información de salud y fitness. Todo lo que usted necesita para ayudarlo ha sido analizado en este libro, para que usted pueda seguir fácilmente, e inmediatamente conseguir los resultados que quiere para sus objetivos fitness en el menor tiempo posible.

Una vez más, para unirse a nuestro boletín gratuito y recibir una copia gratuita de este valioso libro, por favor visite el enlace y regístrese ahora: www.hmwpublishing.com/gift

Capítulo 1: ¿Qué es la Dieta Mediterránea?

La Dieta Mediterránea no es una dieta real o similar a las muchas dietas que consisten en eliminar carbohidratos, comer una proporción específica de macronutrientes, reduciendo la cantidad de ciertos alimentos en sus comidas o eliminando algunos alimentos.

Por el contrario, esta dieta es un estilo de vida que consiste en comer alimentos basados en recetas tradicionales, bebidas y platos de los países que rodean el mar Mediterráneo, junto con actividad física, comidas con familiares y amigos y beber vino con moderación con las comidas. Para decirlo simplemente, la dieta mediterránea es adoptar los métodos de cocina, gastronomía y hábitos de la gente del Mediterráneo.

El objetivo principal de esta dieta es "comer como un griego", que ha sido señalado como uno de los más saludables hábitos alimenticios en el mundo. Generalmente, consiste en:

- Planificar las comidas para consistan principalmente de legumbres, frutos secos, granos enteros, frutas, verduras y otros alimentos que son de origen vegetal;

- Usar aceite de canola, aceite de oliva y otros aceites saludables y grasas en lugar de utilizar mantequilla;

- Usar especias y hierbas para dar sabor a los alimentos en lugar de usar sal;

- Consumir carnes rojas no más de 1 a 2 veces al mes;

- Consumir aves de corral y pescado al menos dos veces a la semana

- Beber vino con moderación

- Hacer mucho ejercicio y otras actividades físicas

Junto con comer sano, la dieta Mediterránea también le da importancia a la preparación de comidas y platos deliciosos y sabrosos. Si usted es nuevo en esta dieta, podría pensar que comer como un griego y el estilo de cocina Mediterráneo es complejo. Bueno, nada es fácil cuando apenas está empezando a aprender a hacerlo, no importa el tipo de dieta que elija adoptar.

Lo fabuloso de esta dieta, una vez que decide adoptarla y hacer los cambios, es que es bastante simple, así como divertida. Usted encontrará que hay miles de platos naturales, sanos y para chuparse los dedos. Es una gran manera de mejorar su salud y bajar de peso, sin tener que sacrificar el sabor de los alimentos.

Un Poco de Historia sobre la Dieta Mediterránea

En la cuenca mediterránea, se encuentran las raíces y el origen de esta dieta, un lugar que es también conocido por los historiadores como "la cuna de la historia". Es donde toda la historia del mundo antiguo ha pasado dentro de sus fronteras geográficas. Para ser más específicos, la dieta mediterránea se basa en los alimentos tradicionales que la gente de países como Grecia e Italia solía comer en la década de 1960.

Aunque la dieta mediterránea es sólo una recomendación nutricional moderna recientemente promovida, este estilo de vida saludable es tan antiguo como las civilizaciones que vivieron en el río Nilo, una región donde la antigua, aunque avanzada civilización surgió. Junto con el progreso de las culturas, costumbres, idiomas, religiones, pensamiento, historia y estilo de vida que floreció en la región, la costumbre culinaria de la gente de allí se convirtió en el crisol de varias cocinas.

La historia real de la dieta Mediterránea se he perdido en el tiempo. El paso del tiempo ha cambiado la dieta de diversas maneras posibles. Sin embargo, las comidas tradicionales permanecieron, y las verduras seguían siendo su ingrediente principal.

La dieta mediterránea que hoy conocemos es el resultado de una larga historia, diversas tradiciones entrelazadas entre sí, la combinación de múltiples platos ricos de los países de la región mediterránea y la adición de comida moderna. Aunque la dieta original ha cambiado a lo largo de la historia, la dieta mediterránea actual aún guarda parecido a la dieta original.

En la actualidad, la dieta Mediterránea se ha considerado como un hábito alimenticio que es eficaz para ayudar a las personas a mejorar su salud y perder el exceso de peso, y al mismo tiempo, les permite comer platos sabrosos, ricos, puros – un estilo de alimentación que conserva las tradiciones y costumbres de la región mediterránea.

¿Cómo funciona la Dieta Mediterránea?

Somos lo que comemos. Lo que comemos dicta lo saludables que seremos y cuánto tiempo vivirán nuestros cuerpos. Los alimentos que comemos tienen efectos directos y profundos en nuestra salud. ¿Por qué es importante comer de forma saludable? El consumo de alimentos que son ricos en vitaminas y minerales ayuda a prevenir diversas enfermedades, como la hipertensión, la obesidad, la diabetes y ayuda a mantener las células y el cuerpo en forma.

La Dieta Mediterránea fue inicialmente descubierta y reconocida como un hábito de alimentación saludable desde la década de 1950 por el Dr. Ancel Benjamin Keys de la Universidad de Minnesota Escuela de la Energía. El Dr. Keys sentó las bases de la dieta mediterránea que conocemos ahora. Él también creó la hipótesis de que hábitos alimentarios diferentes tienen diferentes efectos sobre la salud. El descubrimiento de los numerosos beneficios de salud de la dieta es también gracias a él. Fue la primera persona en señalar que la dieta mediterránea ayuda a disminuir las enfermedades cardiovasculares.

Keys condujo el famoso "Estudio de Siete Países" que documenta la relación entre el estilo de vida, la nutrición y las enfermedades cardiovasculares. Se demostraron los muchos beneficios de salud que una persona puede obtener con la dieta mediterránea. Además, el estudio reveló que personas en la dieta mediterránea tenían el colesterol muy bajo, lo que significa un menor riesgo de desarrollar enfermedades del corazón. Los resultados del estudio demostraron que este beneficio para la salud es debido a una dieta que se compone principalmente de pan, pasta, especias y hierbas, verduras, frutas, aceite de oliva y otros alimentos de origen vegetal.

Del estudio pionero del Dr. Keys, numerosos estudios e investigadores han seguido para determinar la relación entre hábitos dietéticos y enfermedades crónicas. Estos estudios han corroborado los beneficios de la dieta Mediterránea. Muchos de los estudios clínicos y ensayos han demostrado los siguientes beneficios para la salud que tiene "comer como un griego".

- Reducir el riesgo de enfermedades cardiovasculares y síndrome metabólico
- Reducir la barriga o grasa abdominal
- Aumentar los niveles de lipoproteínas de alta densidad (HDL) o grasa saludable
- Disminuir los niveles de triglicéridos
- Disminuir la presión arterial, y
- Disminuir los niveles de glucosa en la sangre

Sin embargo, diversos estudios destacan que comer como un griego por sí mismo no produce los beneficios antes mencionados. El total de calorías consumidas y la cantidad de ejercicio realizado por una persona afectan la salud del individuo también. Aconsejan, junto con un hábito de alimentación saludable, que uno también debe ejercitarse o realizar actividades físicas. El Dr. Keys hizo hincapié en que la dieta mediterránea no es sólo una dieta, sino un estilo de vida saludable.

En 1993, la Oficina Europea de la Organización Mundial de la Salud, la Escuela de Harvard de Salud Pública, y Oldways, presentaron oficialmente la clásica Dieta Mediterránea, en Cambridge, Massachusetts. Su presentación incluyó la representación visual de la Pirámide de la Dieta Mediterránea. Explica el estudio de nutrición más actualizado que describe la tradicional y saludable dieta Mediterránea. También describe la Pirámide de la Dieta Mediterránea original, que fue hecha basada en los hábitos alimenticios de países como Grecia e Italia en la década de 1960, una época cuando, aunque los servicios médicos eran limitados, las enfermedades crónicas de adultos eran las más baja y la esperanza de vida era la más alta.

A partir de ese modelo básico de la pirámide, se ha actualizado para incluir los otros elementos vitales, que constan de los siguientes componentes:

- Ejercicio diario
- Compartir comidas con amigos y familiares, y
- Alimentar un sincero agradecimiento por la comida sana y deliciosa

En noviembre de 2008, la Pirámide de la Dieta Mediterránea fue actualizada nuevamente para incluir los últimos resultados de la investigación. Se agregaron las hierbas y especias utilizadas en varias cocinas mediterráneas. La colocación de los pescados y mariscos se modificó para reconocer los beneficios de consumirlos al menos dos veces por semana. Por último, un consenso de la Junta Consultiva de Científicos actualizaron la dieta mediterránea para centrarse en más alimentos vegetales en la alimentación saludable - esta es la dieta mediterránea que muchas personas ahora disfrutan.

Capítulo 2: ¿Cómo Vivir Más Tiempo?

Como se muestra en los resultados del "Estudio de Siete Países" por el Dr. Ancel Keys, las personas que comían una dieta compuesta mayormente de pescado, frijoles, granos, frutas y verduras estaban entre las más saludables.

Una Manera Increíblemente Deliciosa de Perder Peso y Estar Saludable

La dieta mediterránea es una de las dietas más antiguas del mundo. También está entre las dietas para pérdida de peso más eficaces y más saludables del mundo. Pero, ¿cómo los alimentos que ingerimos afectan nuestra salud, para bien o para mal? Echemos un vistazo, ¿vale?

Semillas y Frutos Secos

Son ricos en micronutrientes, que son vitales para el buen funcionamiento del cuerpo. En su mayoría constan de grasas monoinsaturadas o MUFA. Investigaciones han demostrado que el MUFA ayuda a quemar grasas en el cuerpo, incluso cuando una persona no está haciendo nada. Las semillas y frutos secos también están llenos de ácidos grasos omega-e, que el cuerpo no puede hacer por su cuenta. Por lo tanto, necesita obtenerlos a través de los alimentos que consume. También son una buena fuente de magnesio, proteína y vitamina E.

Fruta

No ingiera alimentos que estén llenos de edulcorantes artificiales poco saludables. Si tiene hambre entre comidas, coma una fruta en su lugar. Las frutas contienen fructosa, un azúcar natural que también se encuentra en verduras y tubérculos, que es una buena fuente de energía y satisface sus antojos de dulce. A diferencia de los edulcorantes, la fructosa no aumenta la ingesta de calorías, almacena exceso de calorías en la grasa o aumenta los niveles de insulina.

Especias y Hierbas

Añaden aroma y sabor a los alimentos. También contienen sustancias químicas naturales que ayudan a eliminar las toxinas que almacenan grasa del cuerpo, disminuyen la inflamación del cuerpo que causa aumento de peso, rompen las células grasas, bajan los niveles de azúcar en la sangre, disminuyen los antojos de alimentos azucarados y grasos y aumentan el metabolismo.

Como añaden aroma natural, color y sabor a los platos, las especias y hierbas reducen y eliminan la necesidad de agregar azúcar, grasa poco saludable y sal en las recetas.

Vino

El vino contiene Resveratrol, antioxidantes que ayudan a aumentar el metabolismo durante una hora y media después de disfrutar de una copa, que ayuda en la pérdida de peso. Estudios descubrieron que el Resveratrol reduce la grasa en el hígado, disminuye la inflamación del cuerpo, mejora la función de las células, baja el azúcar en la sangre y los niveles de insulina.

Granos Enteros

Los carbohidratos complejos son necesarios para el buen funcionamiento del cuerpo, así como para ayudar a perder peso, así que no crea en lo que dice la gente – reducir el consumo de carbohidratos no le dará a su cuerpo ningún beneficio. Una dieta baja en carbohidratos agota su cuerpo de los tan necesarios carbohidratos, en especial de su forma más pura – la glucosa, principal fuente de energía en el cuerpo. La glucosa alimenta el sistema inmunológico, músculos, corazón, cerebro y otras funciones corporales fundamentales.

Si usted ha intentado reducir su ingestión de carbohidratos, entonces sabe que eso ocasiona que se sienta miserable e irritable. Es su cuerpo diciéndole que no está recibiendo suficiente glucosa o energía. Incluso si usted está tratando de perder exceso de peso, el cuerpo necesita alrededor de 45 a 65 por ciento de carbohidratos complejos. Los estudios demuestran que las personas que reciben el 64 por ciento de sus requerimientos diarios de calorías a partir de los carbohidratos complejos, están en mejor condición física, en comparación con aquellos que comían menos.

Pescados y Mariscos

Son ricos en ácidos grasos de omega-3 que ayudan a aumentar la sensibilidad del cuerpo al azúcar en la sangre. Consumir mariscos y pescados al menos dos veces a la semana aumenta el metabolismo hasta 400 calorías y la capacidad del cuerpo de quemar grasa.

Frijoles

Estos están llenos de fibra soluble e insoluble. Similar a los vegetales, las fibras solubles se disuelven con los líquidos en el estómago formando un gel. Esta formación de gel ayuda a sentirse lleno por más tiempo. La fibra insoluble, por el contrario, absorbe agua, agregando más volumen a su sistema digestivo.

Verduras

Casi todas las personas comen los mismos tipos de alimentos todos los días. La clave para un cuerpo saludable y la pérdida de peso es consumir más verduras. Las verduras son voluminosas con menos calorías. Ellas están llenas de micronutrientes – antioxidantes, fitoquímicos, vitaminas y minerales que el cuerpo necesita. Los estudios demuestran que si el cuerpo de una persona está bajo en micronutrientes, incluso moderadamente bajo, el metabolismo se ralentizará porque no está recibiendo suficientes vitaminas del complejo B, magnesio y otros nutrientes. Cuando el metabolismo se desacelera, el cuerpo no quema grasa.

Como usted sabe, el cuerpo humano se compone de alrededor de 60 a 70 por ciento agua. Cuando usted está deshidratado, aún sólo ligeramente deshidratado, el cuerpo dejará de funciona correctamente, lo cual incluye la ralentización del metabolismo, la digestión y la quema de grasa.

Comer vegetales garantiza la ingesta adecuada de agua porque se componen en un 90 por ciento de agua. Además, estos vegetales de hojas verdes están llenos de fibra que combate los antojos y el hambre, ayudando a sentirse lleno durante más tiempo.

Yogur Griego

Estos alimentos listos para comer están llenos de proteínas por onza que cualquier otro alimento listo para comer. Consumir yogur griego reduce antojos, evita comer en exceso, estabiliza el nivel de azúcar en la sangre, frena el hambre y aumenta la sensación de saciedad.

Los investigadores han demostrado que comer yogur griego asegura que el cuerpo reciba la cantidad adecuada de bacterias buenas. Cuando el cuerpo tiene un equilibrio saludable de bacterias buenas, mejora el metabolismo del cuerpo y quema la grasa más rápido.

Además, son ricos en calcio, minerales que son buenos para los huesos. El Calcio también ayuda a acelerar la quema de grasa. Sin embargo, los investigadores destacan que no es tan simple como tomar un suplemento de calcio. Agregan que, junto con calcio, una persona debe consumir suficiente proteína al mismo tiempo para poder obtener los beneficios de pérdida de peso con éxito. La proteína sin calcio tampoco funcionará.

Aceite de Oliva

Este aceite es un potente y eficaz estimulante para la pérdida de peso. Solo su aroma le ayudará a sentirse más lleno, haciendo que coma menos, y por lo tanto, menos calorías. El aceite de oliva es 75 por ciento grasa monoinsaturada o MUFA, la mayor cantidad en cualquier aceite o alimento. Los estudios demuestran que MUFA quema grasa, incluso si la persona no está haciendo nada en absoluto. Además, los estudios muestran que consumir 1 cucharada de aceite de oliva durante el desayuno aumenta la oxidación de la grasa y aumenta la capacidad del cuerpo para utilizar la grasa como combustible o energía.

Además, el aceite de oliva es condensado con el ácido oleico. Este aceite es un compuesto que ayuda a detener la sensación de hambre, lo cual también permite que se sienta más lleno por más tiempo. Además, el ácido oleico ayuda a bajar el nivel de azúcar en la sangre y controla la insulina.

Los Beneficios para la Salud de la Dieta Mediterránea

Entonces, ¿qué se obtiene cuando se combinan todos los beneficios de salud de los alimentos mencionados anteriormente? Encontrará los numerosos beneficios de salud más abajo.

Mejora la fertilidad

Si usted está tratando de concebir, una dieta mediterránea aumentará sus probabilidades de tener un bebé. Según un estudio publicado en la Revista de Fertilidad y Esterilidad, las personas que comían una dieta mediterránea tuvieron más probabilidades de quedar embarazados mediante la inyección intracitoplasmática de espermatozoides (ICSI) o fecundación in vitro (FIV).

Mantiene la dentadura sana

Según los resultados publicados en la Microbiología Oral Molecular, los ácidos grasos omega -3 de origen marino y vegetal, tienen grandes propiedades antibacterianas contra numerosos patógenos orales, manteniendo los dientes sanos.

Mantiene los ojos sanos

Las personas en la dieta mediterránea tienen un riesgo menor de desarrollar degeneración macular, especialmente en las personas mayores. Un estudio realizado por el Centro para la Investigación de los Ojos de Australia (CERA) reveló que el consumo semanal de al menos 100 ml de aceite de oliva reduce el riesgo de desarrollar problemas en la vista.

Bebés más saludables

Es vital que una futura mamá consuma pescados y mariscos durante el tercer trimestre de su embarazo. Los estudios demuestran que una dieta mediterránea reduce el riesgo de espina bífida en los bebés, una discapacidad congénita caracterizada por deformidad de la médula espinal. Esta saludable dieta también reduce el bajo peso al nacer en recién nacidos. Por otra parte, los niños cuyas madres comieron al menos 2 raciones de pescado semanal tienen una inteligencia superior.

Pulmones más Saludables

La dieta mediterránea ayuda a prevenir y, también a proteger, a los niños de asma infantil, sibilancias, rinitis alérgica y otros síntomas similares al asma. Los adultos que han estado consumiendo esta dieta saludable por mucho tiempo tienen menos incidencia de asma. Por otra parte, el consumo a largo plazo de la dieta mediterránea reduce el riesgo de enfermedad pulmonar obstructiva crónica, bronquitis crónica o enfisema.

Alivia la artritis reumatoide

Las personas con artritis reumatoide que adoptaron la dieta mediterránea experimentaron una reducción de la inflamación, mejoraron su vitalidad, y aumentaron la función física.

Previene la enfermedad de Parkinson

Debido a que la dieta Mediterránea está llena de grasas saludables, es baja en grasas saturadas, y es moderada en el consumo de alcohol, detiene y protege el cerebro contra la enfermedad de Parkinson.

Previene la enfermedad de Alzheimer

Los estudios demuestran que junto con ejercicio regular o ser activo, la dieta Mediterránea ayudará a disminuir el riesgo de la enfermedad de Alzheimer en un 48 por ciento. El componente principal de la dieta – utilizar grasa no animal, carbohidratos complejos y fibra, protege contra el deterioro cognitivo vinculado a la edad, así como problemas cognitivos vasculares y degenerativos.

Mantiene lejos la depresión

Las legumbres, pescado, frutos secos, verduras, frutas y otros nutrientes vitales están vinculados a una mejor mentalidad y un mejor estado de ánimo, evitando la depresión.

Ayuda con la gestión los esfuerzos para la pérdida de peso

La dieta mediterránea destaca el consumo de grasas monoinsaturadas o MUFA, en lugar de grasas saturadas. Las MUFA ayudan a quemar grasa incluso cuando una persona no está haciendo nada, lo cual ayuda al cuerpo a perder peso excesivo y mejora el control glucémico. Por otra parte, diversos estudios revelan que la dieta mediterránea ayuda a reducir la aparición de la obesidad en mujeres y hombres, lo cual evita el aumento de peso y promueve la pérdida de peso.

Protege de la diabetes

Un estudio muestra que los ácidos grasos esenciales ricos en omega-3, previenen la resistencia a la insulina, lo cual disminuye el riesgo de diabetes.

Disminuye el colesterol, los niveles de presión arterial y el riesgo de enfermedades del corazón

La dieta mediterránea, una dieta rica en frutos secos, ácidos grasos monoinsaturados y legumbres, es rica en ácidos grasos omega-3, ácido fólico y vitamina C y E, los cuales se ha demostrado que reducen la coagulación sanguínea y la inflamación del corazón, hipertensión, resistencia a la insulina, niveles de presión en la sangre y enfermedades del corazón.

Combate ciertos tipos de cáncer

Estudios sobre los beneficios de la dieta mediterránea muestran que la dieta mediterránea reduce el riesgo de cáncer del estómago o adenocarcinoma gástrico. Por otra parte, también demuestran que consumir tan poco como 10 cucharadas de aceite de oliva previene el desarrollo de cáncer de mama en las mujeres. Además, se ha demostrado que el aceite de oliva inhibe y combate los tumores de cáncer. Otros estudios muestran que una dieta rica en frutas, verduras, granos enteros y pescado disminuye el riesgo de cáncer de piel o carcinoma.

Combate ciertas enfermedades crónicas

Debido a que la dieta mediterránea es alta en alimentos de origen vegetal, tiene una proporción saludable de grasas no saturadas y saturadas, ayuda a disminuir el riesgo de enfermedades crónicas, incluyendo la obesidad, hipercolesterolemia o niveles altos de colesterol en la sangre, diabetes, e hipertensión.

Junto con el ejercicio o actividad física regular y el no fumar, la investigación sugiere que la dieta mediterránea ayuda a disminuir la diabetes en un 90 por ciento, la enfermedad coronaria hasta un 80 por ciento y los accidentes cerebrovasculares en un 70 por ciento.

Mejora la función cognitiva

La dieta está repleta de granos enteros, pescado, frutas y aceite de oliva, alimentos que protegen el cerebro de los daños y problemas cognitivos.

Alarga la vida

En general, la dieta mediterránea combina todos los beneficios de los alimentos deliciosos y sanos en una. Al aumentar la cantidad de cosas buenas y reduciendo la cantidad de alimentos que son menos saludables, mejorará significativamente su salud. Al mismo tiempo, reduce el riesgo de la enfermedad de Parkinson, la enfermedad de Alzheimer, cáncer, enfermedades cardiovasculares y otras enfermedades crónicas importantes.

A través de los siglos, desde el descubrimiento de los posibles beneficios para la salud de la dieta Mediterránea por el Dr. Keys, numerosos estudios e investigadores han nuevamente presentado evidencia que los respalda. Así que si está listo para iniciar el viaje hacia una vida más saludable, entonces siga leyendo.

Capítulo 3: El Inicio de un Camino Hacia la Salud

Aunque la dieta mediterránea no es una dieta real, cuenta con 9 protocolos o reglas básicas según las necesidades diarias de 2.000 calorías para los hombres y 1.500 calorías por día para las mujeres.

Alcohol

Si usted no es un bebedor, entonces no hay necesidad de empezar a beber bebidas alcohólicas. Curiosamente, sin embargo, los hombres que beben de 1 a 2 vasos de agua al día disminuyen el riesgo de ataque al corazón.

¿Cuánto puedo consumir en la dieta mediterránea?

Si bebe, entonces manténgalo en 2 bebidas al día si es hombre, y en 1 vaso al día si es mujer.

Tenga en cuenta que 1 bebida es igual a 1 onza de licor fuerte, como vodka, whisky, gin, etc., o de 4 a 5 onzas de vino. Por otra parte, no acumule todo el alcohol para bebérselo todo a la vez. Recuerde que el límite es de 1-2 vasos diarios.

Carnes

La dieta mediterránea consiste en comer menos carne, tanto roja como blanca. Una dieta típica sugiere que una persona debe consumir 4 onzas de carne al día y comer carne roja sólo una vez por semana.

¿Cuánto puedo consumir en la dieta mediterránea?

Un hombre debe consumir menos de 3,9 onzas y una mujer 3,25 onzas. Sin embargo, si usted sigue la dieta mediterránea estricta, entonces siga las pautas de la pirámide a continuación.

Productos Lácteos

Los lácteos, así como los productos derivados, no son un alimento esencial en la dieta mediterránea. Usualmente, cuando la leche es parte de una receta, generalmente es en forma de yogur o queso.

¿Cuánto hay en la Dieta Mediterránea?

Los hombres deben consumir menos de 7,2 onzas y las mujeres menos de 6,9 onzas.

Grasas y Aceites

Mencionado un par de veces antes, la dieta Mediterránea insiste en consumir más grasas monoinsaturadas, de las cuales, usted debe consumir principalmente aceite de oliva. Sin embargo, también se pueden utilizar otros aceites ricos en grasas monoinsaturadas, como el aceite de canola. Sobre este asunto, muchos aseguran que el aceite de semilla de uva es mejor que el aceite de canola o el de oliva.

Sin embargo, la clave es reducir o eliminar el uso de aceites altamente saturados o grasas, como manteca de cerdo, aceite de coco, manteca, aceite de palmiste, mantequilla, o cualquier aceite hidrogenado.

¿Cuánto puedo consumir en la dieta mediterránea?

En vez de calcular su consumo diario de grasas, tanto hombres como mujeres deben consumir 60 por ciento de grasa no saturada en vez de grasa saturada.

Pescado

En la dieta mediterránea, se come más pescado y menos carne.

Qué Hacer Si no Le Gusta el Pescado

Comience con el tipo que le guste o que le sea familiar, luego, lentamente, pruebe las especies con las que esté menos familiarizado.

Los peces son una mejor fuente de proteína que la carne. También tienen un menor contenido de grasa y los mariscos contienen grasas buenas, incluyendo ácidos grasos omega-3, que son famosos por su capacidad para reducir las enfermedades del corazón y derrame cerebral. Por otra parte, diversos estudios indican que consumir alimentos ricos en ácidos grasos omega-3 previene ciertos tipos de cáncer, así como ayudan a aliviar problemas de ritmo cardíaco.

¿Cuánto puedo consumir en la dieta mediterránea?

Los hombres deberían comer al menos 1 onza y las mujeres deben comer por lo menos 0,75 onzas diariamente. Tenga en cuenta que ha habido preocupaciones acerca de contaminación por mercurio últimamente. Sin embargo, esto no significa que no pueda consumir mariscos. Basta con tener cuidado. Las ventajas de comer pescado superan enormemente el riesgo de los contaminantes. Los centros de Control y Prevención de Enfermedades recomiendan evitar pescados con más de 1.0 ppm (partes por billón) de mercurio. Revise la lista de peces que necesita evitar. He incluido un archivo en las páginas siguientes de este libro. Le proporciona.

Cereales y Granos

En la dieta mediterránea, los granos enteros son abundantes. Sin embargo, si está acostumbrado a comer almidones "blancos", como pasta, arroz blanco y pan blanco, entonces poco a poco realice el cambio hacia granos enteros. Puede empezar a comer pan de trigo integral "ligero", luego avance lentamente hacia el pan de grano entero. Si come arroz blanco, sustituya cualquier receta que lo requiera con arroz integral. Sustituir el arroz blanco con arroz integral al instante aumenta el consumo de fibra. También puede reemplazar papas con batatas y ñames. Siempre elija cereales integrales.

¿Cuánto puedo consumir en la dieta mediterránea?

Los hombres deben consumir al menos 10,4 onzas y las mujeres al menos 8,9 onzas de cereales y granos diariamente.

Frutos Secos y Frutas

Las nueces son perfectas como aperitivos o snacks. Contienen un montón de calorías, pero estas calorías provienen principalmente de grasas monoinsaturados o MUFA, que son grasas beneficiosas que ayudan al cuerpo a perder peso. De hecho, los estudios demuestran que si usted come 2 onzas de nueces en lugar de galletas, no ganará peso a pesar de que las nueces contienen más calorías que las galletas.

Las frutas son los bocaditos dulces perfectos. Satisfacen sus antojos de dulce sin agregar edulcorantes ni aditivos en su dieta. Llene de su despensa y refrigerador con peras, manzanas, naranjas y mucho más. Disfrutar de sus frutas como jugo es aceptable en la dieta mediterránea, pero es mejor comerlos ya que conservará su contenido en fibra.

¿Cuánto puedo consumir en la dieta mediterránea?

Los hombres deben comer unas 8,9 onzas diariamente mientras las mujeres deben consumir aproximadamente 7,7 onzas al día.

Legumbres

Hay diferentes tipos de verduras que usted puede elegir incluir en su dieta. Son una excelente fuente de fibra y una excelente fuente alternativa de proteínas. Las legumbres también son versátiles. Las puede añadir como ingrediente en sus ensaladas, sopas o recetas de plato principal o servir como acompañamiento.

¿Cuánto puedo consumir en la dieta mediterránea?

Los hombres deben consumir alrededor de 2,1 onzas, y las mujeres deben comer aproximadamente 1,75 onzas diariamente.

Verduras

Las verduras son el más importante y principal componente de la dieta mediterránea. No hay manera que pueda comer demasiadas verduras. Usted puede comer mucho y aún estar dentro de su ingesta diaria recomendada de calorías. Le ayudan a sentirse lleno más rápido y por más tiempo.

Una gran manera de aumentar su consumo de vegetales es incluirlos en su almuerzo y merienda. Llene su sándwich favorito con cebolla, pimientos, tomates, pepinos, lechuga y prácticamente cualquier cosa que desee.

Qué Hacer Si no le Gustan las Verduras

Similar al pescado, puede comenzar con los que le gustan. Piense en todas las verduras que ya ha comido y ha mantenido a la mano. Luego lentamente explore y añada los que le sean menos familiares.

¿Cuánto puedo consumir en la dieta mediterránea?

Los hombres deberían comer al menos 10,8 onzas y las mujeres al menos 8,9 onzas al día.

La Pirámide de la Dieta Mediterránea

La dieta mediterránea cumple con una pirámide de alimentos. Use la guía siguiente para planear sus platos según lo que pueda comer diaria o semanalmente.

Menú Diario
Vegetales sin almidón (4 a 8 porciones)

El tamaño de una porción es:

- 1 taza de verduras crudas
- Media taza de verduras cocidas

Los vegetales sin almidón incluyen todas las plantas, excepto la calabaza, los guisantes, el maíz y las patatas.

Grasas saludables (4-6 porciones)

El tamaño de una porción es:

- 1 cucharadita de aceite de oliva o de canola

- 2 cucharaditas de margarina ligera
- 1 cucharada de aderezo regular para ensaladas
- 2 cucharadas de aderezo ligero para ensalada (hechas con 1 cucharadita de mayonesa, 5 aceitunas y 1/8 de aguacate)

Granos enteros y verduras con almidón (4-6 porciones)

El tamaño de una porción es:

- 1 rebanada de pan, de trigo integral
- Media taza de maíz, guisantes, papas o calabaza
- 1/2 panecillo integral grande
- 1 rollo pequeño integral
- 6 pulgadas de pan pita integral
- 6 galletas de grano entero
- Media taza de cereales integrales cocidos

- Media taza de cebada cocida, pasta integral o arroz integral

Frutas (2-4 porciones)

El tamaño de una porción es:

- Media taza de jugo
- 1 fruta fresca pequeña
- Un cuarto de taza de frutos secos

Elija siempre frutas, porque contienen fibra y otros nutrientes. Si está utilizando frutas enlatadas, elija variedad sin azúcar o con bajo contenido de azúcar añadido. Consuma no más de 8 onzas diarias de jugo de frutas ya que, incluso los que dicen que no tienen azúcar, tienen alto contenido de azúcar.

Legumbres y nueces (1-3 porciones)

Apunte a consumir 1-2 porciones de nueces y 1-2 porciones de vegetales diariamente.

El tamaño de una porción es:

- 2 cucharadas de semillas de sésamo o girasol
- 1 cucharada de mantequilla de maní
- 7 a 8 nueces
- 20 maníes
- 12 a 15 almendras
- Un cuarto de taza de frijoles al horno o refritos, libres de grasa
- Media taza de alubias rojas, lentejas, frijoles, arvejas, judías pintas, de soya, frijoles negros o garbanzos

Menú Semanal

Pescado (2 a 3 porciones)

Una porción es 3 onzas o aproximadamente del tamaño de una baraja de cartas.

Productos Lácteos (1-3 porciones)

Una ración es:

- 1 taza de yogurt light, yogurt sin grasa o leche descremada
- 10 onzas de queso bajo en grasa

Puede utilizar queso de soja, leche de soja o yogur de soja.

Aves de Corral (1-3 porciones)

Una porción es 3 onzas o aproximadamente del tamaño de una baraja de cartas. Esto es opcional. Puede optar por no añadir ningún ave de corral para su dieta Mediterránea.

Menú Mensual

Huevos

Se pueden comer hasta 4 yemas de huevo semanales. Por otro lado, puede comer tanto huevo como quiera.

Dulces

Puede comer una vez por semana o 3 a 4 veces cada mes.

Carnes Rojas (ternera, cordero y carne de res)

Puede comer una vez por semana o 3 a 4 veces cada mes.

Sustituciones

Si desea reemplazar los ingredientes en una receta con un ingrediente que le guste más, entonces, asegúrese de usar una cantidad con el mismo o similar número de calorías que el original. Por ejemplo, desea reemplazar el pollo con salmón. Un pollo de 2,6 onzas tiene 176 calorías, por lo que debe reemplazarlo con 3 onzas de salmón, que contiene 177 calorías.

Si desea sustituir frijol verde con tomates, cambie 3/4 de taza de judías verdes que contiene 26 calorías, por 1 taza de tomates cherry que contiene 26 calorías.

Si prefiere fresas en vez de duraznos, 2/3 de taza contiene 44 calorías, que puede reemplazar por 1 taza de fresas que contiene 47 calorías.

Recordatorios Importantes

La pirámide Mediterránea es una guía confiable para la mayoría de los adultos. Sin embargo, los niños, mujeres embarazadas y personas con necesidades dietéticas especiales pueden necesitar suplementos nutricionales en su dieta. En la mayoría de los casos, estas necesidades dietéticas especiales pueden ser adaptadas en la dieta mediterránea.

Capítulo 4: La Lista de Alimentos de la Dieta Mediterránea

¿Está listo para llenar su despensa y nevera? Esta es la lista de los ingredientes estándar de la dieta Mediterránea. Utilice esta guía para planear sus platos y comidas.

Verduras

Calabacín	Calabaza Amarilla	Tomates	Calabaza
Espinaca	Chalotes	Pimientos	Guisantes
Guisantes	Cebolla	Lechuga	Puerros
Cebollas Verdes	Judías Verdes	Berenjena	Berenjena
Pepinos	Berza o Col	Apio	Repollo
Setas Pequeñas	Coles de Bruselas	Remolachas	Brotes de Soja
Espárragos	Bellota		

Legumbres

Frijoles Blancos (Fazolia Bean, Frijoles)	Guisantes Tirabeques
Granos de Soja (Granos de Soya, Edamame)	Guisantes (Arveja China)
Habichuelas (Frijol Plano Italiano)	Alubias Rojas (Frijoles, Porotos Mexicanos)
Frijoles Pintos	Okra (Quimbombó)
Frijoles (Yankee Bean, Boston Bean, Boston Navy Bean)	Frijoles de Lima
Lentejas	Judías Verdes (Ejotes)
Habichuelas Great Northern	Garbanzos
Habas (Windsor Bean, Broad Bean, English Bean, Butter Bean)	Guisante Inglés

| Porotos Negros (Frijoles Negros Españoles, Frijoles Tortuga, Frijoles Mexicanos) | |

Frutos Secos y Frutas

Nueces	Semillas de Girasol	Frambuesas	Semillas de Calabaza
Pistachos	Piñones	Nueces (Pacanas)	Peras
Cacahuetes (Maní)	Duraznos	Naranjas	Griñones y Nectarinas
Nueces de Macadamia	Avellanas	Uvas	Arándanos Rojos
Cereales y Granos	Castañas de Cajú, Anacardos	Arándanos	Moras
Bananos	Manzanas	Almendras	

Sustituciones

En lugar de...	Elija...
Arroz blanco	Arroz Integral o Arroz Silvestre
Pan Blanco	Pan de trigo entero
Special K	Cheerios
Rice Krispies	Kashi GoLean Crunch
Pasta Normal	Pasta de Trigo Integral o Pasta de Quínoa
Masa de Pizza	Masa de Pizza de Trigo Integral
Sémola	Avena
Fruit Loops	Life Cereal
Panecillo Inglés	Panecillo Inglés de Trigo Integral
Corn Flakes	Bran Flakes
Maíz	Frijoles o Lentejas
Bagel	Bagel de Trigo Integral
Apple Jacks	Kashi Cinnamon Harvest

Pescado

Pescado	Grasas omega-3 por porción de 4 onzas	Partes de mercurio por billón (ppm)
Anchoa	2.055 mg	<0.05
Salmón Salvaje	1.043 mg	<0.05
Trucha	935 mg	0.07
Camarón	315 mg	<0.05
Vieiras	365 mg	<0.05
Sardinas	982 mg	<0.05
Ostras	688 mg	<0.05
Mejillones	782 mg	<0.15
Atún Claro	270 mg	0.12
Salmón de Piscifactoría	2.648 mg	<0.05
Bagre de Granja	177 mg	<0.05
Cangrejo	351 mg	0.09
Almejas	284 mg	<0.05
Caballa	1.203 mg	0.05
Arenques Atlánticos	2.014 mg	<0.05

| Bacalao del Atlántico | 158 mg | 0.1 |

Grasas y Aceites

Buenas Opciones	Use con cuidado	Evitar
Tahini (mantequilla de semillas de sésamo)		
Aceite de sésamo	Untables como Smart Balance Light y	Manteca vegetal
Aceite de cártamo	Promise Light	Margarina en barra
Mantequilla de maní	Mayonesa	Manteca de cerdo
Aceite de Oliva	Leche de coco	Alimentos que contienen aceite de palma

		Alimentos que contengan aceites hidrogenados
Aceite de uva	Mantequilla	
Aceite de canola	Aguacates	Aceite de coco

Productos Lácteos

Queso de Yogur	Yogur	Queso Ricota
Cheddar Blanco reducido en grasas	Quesos reducidos en grasas	Queso de oveja (Pecorino)
Parmigiano	Mozzarella	Monterey Jack Cheese
Leche	Cheddar Blanco bajo en grasa	Leche Evaporada
Queso Crema - Sin Grasa	Queso Crema	Suero de Leche
Mantequilla	Queso Azul	

La Guía De Compras para la Dieta Mediterránea

Aceites

| Aceite de Oliva | Aceite de oliva extra virgen |

Vinagre

| Balsámico | Vino tinto | Vino blanco |

Especias y hierbas secas

Romero	Vino tinto y blanco	Perejil	Orégano	Jengibre
Ajo	Semilla de hinojo	Eneldo	Comino	Cilantro
Clavo de olor	Canela	Pimienta Cayena	Albahaca	

Mariscos y Carnes

Almejas	Bacalao	Carne de Cangrejo
Fletan del Atlántico	Mejillones	Salmón
Vieiras	Camarón	Tilapia
Atún	Pechuga de pollo (1-2 veces por semana)	Codillos de pollo (1-2 veces por semana)
Carne roja magra (1-2 veces mensuales)		

Empacados y Enlatados

Aceitunas	Tomates en conserva	Atún Enlatado

Frijoles Enlatados y Secos

Frijoles	Lentejas	Frijoles Rojos
Garbanzos	Frijoles Cannellini	Frijoles Negros

Granos Enteros

Cuscús Integral	Pan Integral o Pita	Pasta de Grano Entero
Galletas de Grano Entero	Quinua	Polenta
Avena	Faro	Bulgur
Arroz Integral	Cebada	

Semillas y Frutos Secos

Nueces	Semillas de girasol	Semillas de sésamo
Piñones	Avellanas	Castañas de Cajú, Anacardos
Almendras		

Refrigerados

| Yogur griego o natural | Leche baja en grasa | Huevos |

Queso

Ricota	Queso parmesano	Mozzarella	Queso de cabra
Queso feta	Queso crema		

Productos

Calabacín	Tomates	Calabaza	Espinaca
Chalotes	Patatas	Granada	Ciruelas
Guisantes	Peras	Duraznos	Naranjas
Cebolla	Griñones y Nectarinas	Setas	Melones
Limas	Lechuga	Limones	Vegetales de hojas verdes
Kiwi	Judías verdes	Uvas	Higos
Hinojo	Berenjena	Dátiles	Pepinos
Cerezas	Apio	Zanahorias	Repollo
Coles de Bruselas	Brócoli	Bayas (todo tipo)	Pimientos
Remolachas	Bananos	Aguacate	Espárragos
Alcachofas	Manzanas		

Capítulo 5: Cómo Tener Éxito Con la Dieta Mediterránea

Cambiar su dieta puede ser todo un reto, especialmente si usted está adoptando una que es muy diferente de la suya. Aquí hay consejos para facilitar su transición a la dieta mediterránea.

Pruebe Cada Sabor

Más que una dieta, la dieta Mediterránea es un estilo de vida que te enseña a disfrutar y saborear todos los sabores de los alimentos que consumes. Evite comer frente al televisor ya que tendrá su atención lejos de los alimentos que está comiendo. No trague todo de un bocado. En su lugar, coma despacio, tómese su tiempo, y deguste cada sabor. Comer lento también sintonizará su cuerpo con los alimentos que consume. Disfrutar de que sus comidas incluso le hará comer sólo hasta que esté satisfecho, y a evitar comer en exceso.

Conozca Su Peso Ideal

Que el peso ideal para su altura sea su guía. Mantener su aumento de peso es esencial para una buena salud. Si usted tiene sobrepeso, necesita hacer más ejercicio y reducir la cantidad de alimentos que come y bebe. La mayoría de las personas a dieta cuentan calorías obsesivamente, lo que puede distraer a cualquiera de disfrutar las comidas. Contar calorías no funciona bien en el largo plazo.

Esté con la gente que Ama

Esta dieta Mediterránea también se basa en los principios del disfrute y placer. A medida de lo posible, coma con amigos y familiares. La feliz compañía de los demás hace que el sabor de la comida sea aún mejor, y las risas que comparte hacen que la vida sea aún mejor.

Elija un Estilo de Vida Saludable

Su salud en general no sólo depende de un hábito de alimentación saludable. Junto con la dieta Mediterránea, el ejercicio y actividades físicas regulares son también importantes. No tiene que ser ejercicio en el gimnasio. Podría ser tan simple como subir las escaleras en lugar de usar el ascensor. Actividades de ocio, tales como caminar, tareas domésticas o trabajo de jardinería también son buenas formas de mover el cuerpo. Usted puede incluso correr, hacer aeróbicos y otros ejercicios extenuantes.

La Moderación es la Clave

A diferencia de muchas dietas que implican la eliminación de ciertos alimentos, la dieta mediterránea es una dieta equilibrada que se adapta a una amplia gama de bebidas y alimentos. La clave es comer moderadamente y sabiamente. En esta dieta, usted puede disfrutar de un trozo pequeño de pastel, un par de rebanadas de filete, o de 1 a 2 copas de vino.

Siga el tamaño de porción y frecuencia de alimentos recomendados.

Esto asegura que obtendrá la cantidad correcta de alimentos según los que se puede comer en grandes cantidades y más frecuentemente, así como el de aquellos que necesita comer en pequeñas cantidades y con menos frecuencia.

Hidrátese

El cuerpo se compone de 70% de agua, y una hidratación apropiada es esencial para mantener los niveles de energía, salud y bienestar. Incluso una deshidratación leve afectará a los procesos en su cuerpo. Las diferencias en la tasa metabólica, los niveles de actividad y tipo de cuerpo significan que algunas personas necesitan beber más agua que otras.

Coma Huevos

Son excelentes fuentes de proteína de alta calidad y son valiosos para las personas que no comen carne o son vegetarianos. Asegúrese de seguir las porciones recomendadas y frecuencia.

Reduzca la ingesta de sal

Utilice más hierbas y especias para añadir sabor y aroma a los alimentos en lugar de sal. Ellos añaden ese sabor distintivo de la comida mediterránea y son ricos en antioxidantes.

Beba Moderadamente

Siga la porción diaria recomendada para cada tipo de alcohol. El vino específicamente tenía efectos de disolución de la sangre, que hace menos propensa a la coagulación de las arterias. También contiene antioxidantes, que ayudan a prevenir la acumulación de lipoproteínas de baja densidad o LDL en las arterias, a su vez, evitando la acumulación de placa en las arterias.

Aperitivo de queso, productos lácteos bajos en grasa, semillas y frutos secos

Un puñado de semillas de girasol, almendras y nueces hacen buenas comidas. Son portátiles y sobre la marcha. Queso bajo en grasa, rico en calcio y frutas frescas son también buenos aperitivos sobre la marcha.

Frutas para Postre

La mayoría de las frutas son ricas en antioxidantes, fibra y vitamina C. Son los postres más saludables que van a satisfacer al más goloso. Descubra y pruebe nuevas frutas cada semana y amplíe sus opciones.

Aumente los Alimentos de Grano Entero

Le tomará algún tiempo al paladar y al estómago para ajustarse al grano integral y completo. Poco a poco reemplace sus productos de grano refinado con granos enteros. Puede incluso utilizar mezclas de pasta integral o arroz. También puede mezclar granos integrales con granos refinados, mitad blancos y mitad integrales. Cuando su cuerpo se haya acostumbrado, entonces se puede cambiar a granos integrales y enteros a su totalidad.

Envase sus comidas con Verduras

La mayoría de las personas no consume suficientes vegetales. Coma al menos 3 a 4 porciones al día. Mientras más colorido, mejor; más color significa más vitaminas y minerales. Los puede agregar a sus sopas y tortillas, disfrutarlos como una ensalada de verduras o simplemente asarlos.

Intercambie las Proteínas

Intercambiar la carne con pavo, pollo y pescado reduce la ingesta de grasas saturadas. También puede obtener su proteína de granos, nueces y otras plantas. La dorada, el arenque, las sardinas, el atún y el salmón son buenas opciones. Los crustáceos y moluscos, como mejillones, camarones y almejas son también buenas fuentes de proteína.

Aquí está una manera rápida de reducir su consumo de carne – hacer de la pasta y las verduras la estrella de sus comidas y utilizar la carne como un saborizante o condimento. Siga el tamaño de porción recomendada de carne roja. En la dieta mediterránea, los pescados y mariscos son rara vez maltratados o fritos.

Utilice Aceites Vegetales

Utilícelos como su grasa principal para cocinar y hornear. Elimine todos los aceites hidrogenados y aceites que contengan grasas trans. Tanto como sea posible, reemplace la mantequilla y la margarina con aceite de oliva y otros aceites saludables, tales como canola, soya y aceite de cacahuete.

Para una deliciosa pero saludable salsa para mojar el pan, sazone el aceite de oliva de alta calidad con vinagre balsámico. Al cocinar, no permita que el aceite se sobre-caliente porque puede dañar su sabor y propiedades nutritivas. Hay muchas variaciones interesantes y muchas características del aceite de oliva en el mercado, así que experimente para saber cuáles se pueden agregar a su dieta.

¿Está listo para comenzar?

Capítulo 6: Plan de Comidas de 14 Días de la Dieta Mediterránea

Comience su viaje de la dieta mediterránea y deguste todos los sabores maravillosos de la región. Aquí tiene un plan de comidas de 2 semanas para su disfrute.

Semana 1

Día 1

Desayuno: Tortitas o panqueques esponjosos

Almuerzo: Ensalada de garbanzos

Aperitivo o Snack: Galletas de humus con ciruela

Cena: Brochetas de pollo

Día 2

Desayuno: Parfait de yogur con granola

Almuerzo: Pastel de vegetales: caliente 1 olla de pollo de Swanson o Pastel de Vegetales de Amy siguiendo las instrucciones del paquete. Servir con 10 trozos de tomate uva.

Aperitivo o Snack: Cubierta cremosa de garbanzo

Cena: Sándwich de Mozzarella y tomate

Día 3

Desayuno: Queso de cabra y cebolleta Frittata

Almuerzo: Alcachofa y sándwich de pavo

Aperitivo o Snack: Cubierta cremosa de garbanzo - cubierta reservada del aperitivo del Día 2. Traer 1 pepino, en rodajas, para untar.

Cena: Lubina a la parrilla MÁS 1 bolsa congelada de jugo de fruta (limite las calorías de la barra a 80)

Día 4

Desayuno: Una porción de Tortitas esponjosas (restos del Desayuno del Día 1) rociados con 2 cucharadas de jarabe de arce ligero. Sirva con 1 taza de leche descremada y 1 media taza de frambuesas.

Almuerzo: Lubina mediterránea a la parrilla (reservada para el día 3) sobre las hojas reservadas de rúcula bebé.

Aperitivo o Snack: Dip de crema agridulce y vegetales

Cena: Baklava y Frittata de día 3 desayuno. Coma con 2 tazas de espinacas bebé rociadas con 2 cucharadas soperas de vinagre balsámico, 1 rebanada de pan (integral), 2 cucharaditas de margarina ligera (libre de grasas trans) y 1 taza de leche, sin grasa. Para el postre, disfrute de 1 pieza de baklava cuadrado, de aproximadamente 2 pulgadas (puede comer 2 cuadrados si usa Pastelería Frozen Athens Baklava).

Día 5

Desayuno: Yogur Crujiente y Cremoso

Almuerzo: Sándwich Pita de vegetales y salsa de pepino con Yogur griego

Aperitivo o Snack: Dip de crema agridulce (reservado de la merienda del día 4) y Galletas (6 piezas cuadradas de 2 1/2 pulgadas de galletas Graham, cualquier sabor que desee).

Cena: Pollo Agridulce Mediterráneo

Día 6

Desayuno: Chocolate de leche y Bagel con mantequilla de maní

Almuerzo: Ensalada y Pizza

Aperitivo o Snack: Batido de Naranja y Piña

Cena: Restaurante de cocina griega: pida cordero o pollo Souvlaki en un restaurante griego. Coma una barra de tamaño de un jabón o 4 onzas de cordero o pollo, y una porción de arroz de cuscús del tamaño de una pelota de béisbol. Coma todas las verduras servidas con su comida. Si sirve con una ensalada, rociar con 1 cucharada de aderezo. Empaque el cordero o pollo sobrante y el cuscús para el almuerzo del día 7, y sirva con 2 onzas o medio vaso de vino.

Día 7

Desayuno: Dip de Ricota con Pita y Pasas

Almuerzo: Cordero Souvlaki (del tamaño de una barra de jabón o 4 onzas) con cuscús o arroz (del tamaño de una bola de baseball o media taza) de la Cena del Día 6. Sirva más de 1 taza de espinacas cocidas o 2 tazas de espinacas bebé.

Aperitivo o Snack: Goodie Smoothie - 1 batido (Yoplait Nouriche)

Cena: Ensalada de Verano de Camarones y Albahaca

Semana 2

Día 1

Desayuno: Panqueques con Ricota Cremosa

Almuerzo: Ensalada de maíz, frijol negro y salsa de tomate

Aperitivo o Snack: Yogur de nuez

Cena: Pollo a la plancha y ensalada griega

Día 2

Desayuno: Pan de trigo tostado y huevos revueltos occidentales

Almuerzo: Hamburguesa Vegetariana y patatas frescas

Aperitivo o Snack: Yogur con nueces y salvado de pasas

Cena: Carne picada desmenuzada con cuscús de tomate y espárragos

Día 3

Desayuno: Barra de energía

Almuerzo: Servicio Italiano y Tomates

Aperitivo o Snack: Verduras y Humus sazonado

Cena: Pargo a la Parrilla o Halibut

Día 4

Desayuno: Cerezas y cereales

Almuerzo: Pasta de atún

Aperitivo o Snack: Galletas, mantequilla de maní y leche

Cena: Restaurante italiano: pida pollo Piccata o pollo Marsala. Coma una pieza del tamaño de una barra de jabón con la ensalada de la casa rociada con 2 cucharaditas de aceite de oliva y vinagre o 2 cucharadas de aderezo completo. Disfrútelo con un acompañamiento de pasta (coma media taza de pasta con salsa) O con 1 rebanada de pan italiano con una cucharadita de mantequilla. Disfrute 4 onzas de vino. Comparta las sobras con un amigo.

Día 5

Desayuno: Batido de frutas y queso

Almuerzo: Plato del desayuno para el almuerzo

Aperitivo o Snack: Cebolla y crema agria para untar con verduras

Cena: Pan plano de espinacas feta

Día 6

Desayuno: Una porción de tortitas o panqueques – recaliente los panqueques esponjosos del desayuno del día 1 de la semana 1. Cubra con una mezcla de un tercio de taza de crema agria (sin grasa) y 1 cucharada de jarabe de maple claro, y 1 taza de frambuesas frescas. Disfrute con 1 taza de leche descremada.

Almuerzo: Huevos Revueltos con Queso Feta

Aperitivo o Snack: Mantequilla de Maní y Manzana

Cena: Orzo y vieiras

Día 7

Desayuno: Arándano y la mezcla de queso Ricota

Almuerzo: Almuerzo Ala Sub Shop

Aperitivo o Snack: Crema agridulce para verduras y frutas

Cena: Verduras asadas al estilo Mediterráneo

Capítulo 7: Recetas de desayuno

Tortitas o Panqueques Esponjosos

Sirve para: 5 (4 pequeñas tortitas cada porción)

Ingredientes:

- 1/2 taza de yogur, bajo en grasa, cualquier sabor
- 1 huevo grande
- 1 taza de trigo sarraceno o mezcla de panqueque integral

Indicaciones:

1. Combinar todos los elementos hasta que se mezclen bien. Cocinar las tortitas siguiendo las instrucciones en el paquete de mezcla para panqueques.

2. Disfrute de 1 porción o 4 panqueques al momento y empaquete individualmente las 4 porciones restantes en el congelador para futuras comidas.

3. Sirva los panqueques con 2 cucharadas de jarabe de arce ligero y al lado 1 taza de fresas frescas y 1 taza de leche descremada.

Parfait de yogur con granola

Sirve para: 1

Ingredientes:

- 6 onzas de yogur ligero con sabor a fruta
- 1 taza de frambuesas
- 2 cucharadas de granola baja en grasa

Indicaciones:

1. En un vaso de boca ancha, ponga 1/3 del yogur, 1/3 de la fruta y luego 1/3 de granola.

2. Repita las capas hasta que se utilicen todos los ingredientes. ¡Disfrute!

Queso de cabra y cebolleta Frittata

Sirve para: 2

Ingredientes:

- 2 huevos enteros
- 4 claras de huevo
- 1/4 taza de leche
- 1/4 cucharadita de sal
- Pizca de pimienta negra molida
- 1/2 tomate mediano
- 1 cucharada de cebollino fresco, picado
- 1 cucharadita de aceite de oliva
- 1/4 paquete de queso de cabra
- 1 taza de leche descremada, para servir

Indicaciones:

1. Precalentar el horno a 375F.
2. En un tazón mediano, usando un batidor de alambre o tenedor, mezcle la leche, huevos

enteros, claras de huevo, pimienta y sal. Añada la cebolleta y el tomate.

3. En una sartén de 10 pulgadas, calentar el aceite de oliva. Vierta la mezcla de huevo en la sartén. Por cucharadas, colocar el queso de cabra encima de la mezcla de huevo. Cocine durante aproximadamente 3-4 minutos o hasta que los bordes de la frittata comiencen a endurecerse.

4. Transfiera la sartén al horno precalentado y hornee durante aproximadamente 9-10 minutos o hasta que la frittata comience a endurecerse y el cuchillo salga limpio cuando se inserte en el centro.

5. Servir la mitad de la frittata. Guardar y refrigerar en la nevera la otra mitad para la cena de Día 4.

6. Disfrute de su desayuno con 1 taza de leche descremada.

Yogur Crujiente y Cremoso

Sirve para 1:

Ingredientes:

- 6 onzas de yogurt ligero, cualquier sabor
- 1 taza de cereal alto en fibra, como Kashi Good Friends (o use cualquier cereal; asegúrese de limitar 100 calorías, como una Media taza de Raisin Bran o 1 taza de Cheerios).
- 3 cucharadas de nuez picada

Indicaciones:

Poner el yogur en el recipiente deseado. Coloque por encima su cereal preferido y las nueces. ¡Disfrute!

Bagel con mantequilla de maní y Chocolate de leche

Sirve para: 1

Ingredientes:

- 1 cucharada de mantequilla de maní
- Bagel de 1 onza de trigo integral (la mitad de un bagel de 170 calorías)
- Para servir:
- 1 taza de leche, mezclada sin grasa
- 2 cucharaditas de sirope de chocolate
- 1 taza de uvas verdes o rojas

Indicaciones:

1. Untar la mantequilla en la mitad del bagel.
2. Agregue el almíbar en el vaso de leche hasta que se mezcle bien.
3. Servir el bagel con la leche con chocolate y uvas.

Dip de Ricota con Pita y Pasas

Sirve para: 1

Ingredientes:

- 1 pieza 6 pita de 1/2 pulgada de trigo integral
- Un tercio de taza de queso ricota, sin grasa
- 1 cucharada de mantequilla de maní
- 1 cucharada de miel

Indicaciones:

1. Mezclar el queso con la miel y la mantequilla de maní hasta combinar.
2. Rellenar la pita con la mezcla de queso.
3. Agregar las pasas a la mezcla de pita.

Panqueques con Ricota Cremosa

Sirve para: 1

Ingredientes:

- 1 porción de panqueques esponjosos (sobras del Desayuno del Día 1)
- Un tercio de taza de queso ricota sin grasa
- 1 cucharada de jarabe de arce ligero
- 2 cucharadas de jarabe de arce ligero, para lloviznar

Para servir:

- 1 taza de leche descremada
- 1 naranja pequeña

Indicaciones:

1. Mezclar el queso con una cucharada de jarabe de arce ligero. Cubra los panqueques con un aderezo de ricota cremosa entre cada panqueque. Cuando

los panqueques estén en capas, rocíe la parte superior con jarabe de arce ligero.

2. Sirva con 1 taza de leche y 1 naranja pequeña.

Pan de trigo tostado y huevos revueltos occidentales

Sirve para: 1

Ingredientes:

- 2 claras de huevo MÁS 1 huevo, O un sustituto de huevo de una cuarta taza
- 1/2 de pimiento de cualquier color, picado
- Un cuarto de taza de cebolla, picada
- Pimienta, al gusto

Para servir:

- 1 rebanada de pan, integral, tostado
- 2 cucharaditas de margarina, libre de grasas trans
- 1 taza de leche descremada

Indicaciones:

1. Revuelva el huevo y la clara de huevo o el sustituto de huevo con el resto de los ingredientes.

2. Sirva el revoltillo con la margarina libre de grasas trans y la leche y el trigo integral tostado.

Barra de energía

Sirve para: 1

Ingredientes:

- 1 barra Luna (cualquier tipo)
- 8 piezas de nueces picadas
- 1 ciruela fresca
- 1 taza de leche descremada

Indicaciones:

¡Disfrute!

Cerezas y cereales

Sirve para: 1

Ingredientes:

- 100 calorías dignas de su cereal favorito (media taza de cereales de pasas y nueces y 1 taza de cereal de hojuelas llanas)
- 1 taza de leche descremada
- Media taza de cerezas frescas, deshuesadas (12 piezas)
- 1 palillo de queso

Indicaciones:

1. Ponga su cereal en un tazón. Vierta la leche y añada las cerezas.
2. Servir con queso.

Batido o jugo de Jamba

Sirve para: 1

Ingredientes:

- 16 onzas de Enlightened Smoothie o jugo de Jamba
- Si no encuentra jugo de Jamba:
- 1/2 cucharadita de vainilla
- 1 taza de leche descremada
- 1 taza de fresas o frambuesas

Indicaciones:

Disfrute de un batido o jugo de Jamba con queso.

Arándano y la mezcla de queso Ricota

Sirve para: 1

Ingredientes:

1 pedazo de pita (6 1/2 pulgadas), trigo entero, cortado en mitades, utilice 1 mitad ahora y guarde la otra mitad para la cena del día 7

Para untar:

- Media taza de queso ricota, libre de grasa
- 1 cucharada de miel
- 3/4 taza de arándanos frescos

Para servir:

- 1 taza de leche descremada

Indicaciones:

1. Tueste la mitad de la pita y luego córtela en triángulos o rompa en trozos pequeños para untar.

2. Mezclar los ingredientes para untar hasta que estén bien combinados.

3. Sirva el dip con pedazos de pita tostados.

4. Servir con leche.

Capítulo 8: Recetas de Almuerzo

Ensalada de Garbanzos

Sirve para: 1

Ingredientes:

- 7 1/2 onzas de garbanzos enlatados (de 15 onzas)
- Un cuarto de taza de cebolla blanca, picada, guarde el pedazo para la cena
- Un cuarto de taza de pimiento verde, picado, guarde el pedazo para la cena
- 2 cucharaditas de aceite de oliva
- 1 cucharada de aceitunas negras, rebanadas
- 1/4 cucharadita de pimienta negra
- 1 1/2 cucharadas de vinagre blanco
- 2 tazas de lechuga romana

Indicaciones:

1. Poner los garbanzos enlatados en un colador y enjuagar bajo el chorro de agua durante 2 minutos para eliminar el sodio sobrante. Escurrirlas bien, apartar y guardar la mitad de los guisantes para el Día 2: Aperitivo.

2. Exceptuando las hojas de lechuga orejona, combinar el resto de los ingredientes en un bol hasta que se mezclen bien.

3. Servir sobre un lecho de hojas de lechuga orejona.

Alcachofa y Sándwich de pavo

Sirve para: 1

Ingredientes:

Para el sándwich:

- 2 rebanadas de pan integral
- 1 cucharada de mayonesa ligera
- 4-6 corazones de alcachofa
- Un tercio de taza de queso mozzarella con 33% de grasa reducida, rallado
- 3 onzas de pechuga de pavo, en rebanadas

Para servir:

- 1 taza de uvas rojas o verdes
- 15 zanahorias bebé

Indicaciones:

1. Unte 1/2 cucharada de mayonesa ligera en cada rebanada de pan integral. Rellenar las pechugas de pavo, queso mozzarella y corazones de alcachofa entre el pan.

2. Servir con las uvas y las zanahorias.

Sándwich Pita de vegetales y salsa de pepino con Yogur griego

Sirve para: 1

Ingredientes:

- Media taza de yogur, luz natural
- 1/2 pepino, finamente picado
- 1/2 diente de ajo, picado
- Sal y pimienta al gusto
- 1 pieza de pita de 6 1/2- pulgadas, trigo integral
- 5 Tomates uva, cortados a la mitad
- 1 taza de ejotes
- 1 taza de cerezas frescas (alrededor de 23 piezas), para servir

Indicaciones:

1. Mezcle los 3 primeros ingredientes hasta combinar, sazonar con sal y pimienta, si lo desea. Unte 1/2 de la salsa en el pan de pita. Llenar el pan con las judías y tomates.

2. Servir con las cerezas.

Ensalada y Pizza

Sirve para: 1

Ingredientes:

- 1 rebanada de pizza de queso, de gran tamaño, de corteza delgada, con ingredientes vegetales: pimientos, cebolla y champiñones
- 2 tazas o más de ensalada verde
- 2 cucharadas de aderezo regular

Para el postre:

- 1 cucharada de helado en un cono simple

Indicaciones:

1. Servir la pizza con ensalada verde rociada con el aderezo de su elección.
2. Seguir con el helado.

Ensalada de Maíz, Frijol Negro y Salsa de Tomate

Sirve para: 1

Ingredientes:

- 3/4 taza de frijoles negros en conserva
- 1 tomate rojo, cortado en dados
- 1 mazorca de maíz cocida
- 1/2 cucharadita de albahaca seca
- Batido de pimienta negra molida
- 2 cucharadas de vinagre balsámico
- 1 cucharadita de aceite de oliva

Para servir:

- 2 tazas de lechuga
- Un tercio de taza de queso mozzarella reducido en grasa al 33%, rallado
- 1 media taza de frambuesas

Indicaciones:

1. Poner los frijoles en un colador y enjuagar bajo agua corriente para eliminar el sodio sobrante.

2. Combine los frijoles negros con el resto de los ingredientes hasta que estén bien mezclados, raspando los granos de maíz de ellos en la mezcla.

3. Cubra la salsa sobre una cama de lechuga romana y luego cubra con el queso rallado.

4. Servir la ensalada con las frambuesas.

Hamburguesa Vegetariana y patatas frescas

Sirve para: 1

Ingredientes:

- 1 hamburguesa con verduras de su elección
- 4 patatas frescas de tamaño pequeño a la parrilla (de la Cena del Día 1)
- Un cuarto de taza de queso rallado
- 2 cucharadas de salsa de tomate, opcional
- 2 cucharaditas de mostaza picante, opcional
- Para servir:
- 2 tazas de hojas de espinaca bebé
- Un cuarto de taza de cebolla, picada
- 1/2 pimiento cortado

Indicaciones:

Calentar las patatas y la hamburguesa vegetariana a la brasa.

Cubra la hamburguesa vegetariana con el queso y las tostadas en una tostadora a 250°F durante aproximadamente 2 minutos o hasta que el queso se derrita.

Si lo desea, cubra la hamburguesa con salsa de tomate y mostaza.

Sirva la hamburguesa vegetariana caliente y las papas con las hojas de espinaca cubiertas con el pimiento y la cebolla.

Servicio Italiano y Tomates

Sirve para: 1

Ingredientes:

- 1 opción saludable a la parrilla, pollo albahaca, o espaguetis con carne o salsa fetuccini Alfredo
- 15 pedazos de tomates uva
- Para el postre:
- 6 onzas de yogurt ligero, cualquier sabor
- 1 melocotón fresco

Indicaciones:

1. Calentar el pollo a la brasa de albahaca y servir con los tomates.

2. De postre, disfrute de un melocotón sumergido en yogur.

Pasta de atún

Sirve para: 1

Ingredientes:

- 1 taza de pasta integral cocida, de cualquier forma
- 3 onzas de atún blanco, de lata, escurrido
- 1 1/2 cucharada de mayonesa ligera
- Pizca de pimienta negra molida
- Un cuarto de taza de pimiento, picados
- Un cuarto de taza de cebolla, picada
- 1 ciruela fresca, para servir

Indicaciones:

1. Exceptuando la ciruela, combine todos los ingredientes.
2. Servir con la ciruela.

Plato de Desayuno para el Almuerzo

Sirve para: 1

Ingredientes:

- 2 rebanadas de pan integral
- 2 cucharadas azúcar glas
- 1 taza o porción de bola de béisbol de ensalada de frutas

Indicaciones:

Ordene desde su restaurante familiar favorito o cena. Pida pan integral espolvoreado con azúcar glas y un lado de ensalada de frutas en las porciones y tamaños indicados en los ingredientes.

Huevos Revueltos con Queso Feta

Sirve para: 1

Ingredientes:

- 1 huevo MÁS 2 claras de huevo, o un cuarto de taza de sustituto de huevo
- Pimienta, al gusto
- 2 cucharadas de leche, descremada
- 2 cucharadas de queso feta, grasa reducida
- Aerosol antiadherente

Para servir:

- Bagel de 2 onzas, trigo integral
- 1 cucharada de margarina ligera, libre de grasas trans
- 1 taza de hojas de espinaca
- Splash de vinagre balsámico

Indicaciones:

1. Batir los huevos con la leche y pimienta negra.

2. Engrasar una sartén con el spray antiadherente.

3. Vierta la mezcla de huevo. Esparcir el queso por encima de la mezcla de huevo y cocinar al gusto.

4. Sirva con bagel untado con margarina y espinacas rociadas con vinagre balsámico.

Almuerzo Ala Sub Shop

Sirve para: 1

Ingredientes:

- Sub de 6 pulgadas en pan de trigo o trigo de miel
- Carne asada, jamón, pavo o pechuga de pollo
- 1 cucharada de mayonesa ligera y mostaza picante
- Verduras, como cebolla, lechuga, pepino, tomate y pimiento verde
- Patatas al horno (de barbacoa o al horno Lay)
- Refresco de dieta

Indicaciones:

Compre su comida de la estación de metro. Elegir los ingredientes indicados anteriormente, dejando el queso fuera. ¡Disfrute!

Capítulo 9: Aperitivos

Galletas y Dip

Sirve para: 1

Ingredientes:

- 2 cucharadas de humus
- 1 biscotes Wasa
- 1 ciruela fresca

Indicaciones:

1. Untar el humus sobre la galleta.
2. Disfrutar con ciruela fresca.

Cubierta Cremosa de Garbanzo

Sirve para: 2

Ingredientes:

Para untar:

- 7 1/2 onzas de garbanzos, guardados del Almuerzo del Día 1
- 2 cucharaditas de aceite de oliva
- 1 diente de ajo, picado
- 1 cucharada de jugo de limón
- 1/4 cucharadita de sal
- 1/4 cucharadita de comino molido, opcional

Para untar:

- 1 taza de brócoli
- 1 pimiento rojo, amarillo, naranja, en rodajas

Indicaciones:

1. Prepare la salsa con antelación. Tome la mitad para la Merienda del Día 2 y guarde la mitad restante para la Merienda del Día 3.
2. Poner los garbanzos en un bol. Ligeramente con un tenedor, haga puré.
3. Añadir el resto de los ingredientes y mezclar hasta que la salsa alcance la consistencia deseada. Si se desea, mezcle los ingredientes con su procesador de alimentos.
4. Poner en un recipiente con una tapa hermética y llevar al trabajo junto con los floretes de brócoli y rodajas de pimiento.

Dip de crema agridulce y vegetales

Sirve para: 1

Ingredientes:

- Media taza de crema agria sin grasa (de un paquete de 8 onzas)
- 1 cucharada de jarabe de arce ligero
- 1/4 cucharadita de extracto de vainilla

Para untar:

- 1 taza de ejotes frescos
- 10 tomates uva

Indicaciones:

Mezclar todos los ingredientes para el dip. Servir con las habas y los tomates.

Notas: Reservar la crema agria restante para el Aperitivo del Día 5.

Batido de Naranja y Piña

Sirve para: 1

Ingredientes:

- Media taza de piña en trozos, enlatada y escurrida o fresca
- 1/2 naranja dulce
- 6 onzas de yogur light

Indicaciones:

1. Poner todos los ingredientes en una licuadora o procesador de alimentos, agregar cubos de hielo hasta que la mezcla alcance la consistencia deseada.
2. Servir enseguida.

Yogur de nuez:

Sirve para: 1

Ingredientes:

- 6 onzas de yogur ligero, cualquier sabor
- 3 cucharadas de nueces, picadas
- La mitad de una taza de arándanos

Indicaciones:

Cubra el yogur con nueces y arándanos. ¡Disfrute!

Yogur con nueces y salvado de pasas

Sirve para: 1

Ingredientes:

- 6 onzas de yogur ligero
- Un cuarto de taza de salvado de pasa
- 8 piezas de mitades de nuez

Indicaciones:

1. Servir el yogur con las mitades de nueces y salvado con pasas de uva.

Verduras y Humus sazonado

Sirve para: 1

Ingredientes:

- 15 piezas de zanahorias
- 1 taza de ejotes
- Una cuarta taza de humus, sazonado o simple

Para servir:

- Un cuarto taza de nueces de soja

Indicaciones:

1. Servir el humus con los ejotes y zanahorias para untar.
2. Disfrute con nueces de soja.

Galletas, mantequilla de maní y leche

Sirve para: 1

Ingredientes:

- 4 Triscuits reducidos en grasa, O 1 galleta de crujiente Wasa Wasa, O 2 galletas Ak-Mak
- 1 cucharada de mantequilla de maní
- 1 taza de leche descremada

Indicaciones:

1. Unta la mantequilla sobre las galletas.
2. Servir con leche.

Cebolla y Crema Agria para untar con Verduras

Sirve para: 1

Ingredientes:

- Media taza de crema agria sin grasa
- 1 cucharada de cebolleta seca
- 1 diente de ajo, picado
- Para untar:
- 1 pimiento de cualquier color, en rodajas
- 1/2 de calabacín en rodajas

Indicaciones:

1. Combinar todos los ingredientes de untar hasta mezclar bien.
2. Servir con las verduras para untar.

Mantequilla de Maní y Manzana

Sirve para: 1

Ingredientes:

- 1 manzana en rodajas
- 1 cucharada de mantequilla de maní
- Para servir:
- 1 taza de leche descremada
- 2 cucharaditas de jarabe de chocolate, O 1 cucharada de mezcla de bebida de fresa

Indicaciones:

1. Unte la mantequilla de maní sobre las rodajas de manzana.
2. Sirva con un vaso de leche mezclado con jarabe de chocolate o mezcla de bebida de fresa.

Crema agridulce para verduras y frutas

Sirve para: 1

Ingredientes:

- Media taza de crema agria, sin grasa
- 1-2 paquetes Sweet 'N o Low Equal
- 1/4 cucharadita de extracto de vainilla
- Para untar:
- 1 media taza de fresas frescas, en rodajas
- 15 tomates uva

Indicaciones:

Mezcla la crema con el edulcorante y el extracto de vainilla. Sirva con las fresas y tomates uva.

Capítulo 10: Recetas de Cena

Kebabs de pollo

Sirve para: 1

Ingredientes:

- 4 onzas de pechuga de pollo, crudo, cortado en trozos pequeños
- Un cuarto de taza de aderezo italiano, libre de grasa
- Un cuarto de taza de cebolla blanca, guardada del Almuerzo del Día 1
- Un cuarto de taza de pimiento, guardado del Almuerzo del Día 1
- 10 tomates uva
- 1 pieza de Pita de trigo integral de 6 pulgadas
- 2 cucharadas de humus

Indicaciones:

1. Poner los trozos de pollo en un tazón. Agregue el aderezo italiano y mezcle bien. Transfiera el tazón al refrigerador y déjelo marinar durante al menos 30 minutos o toda la noche.

2. Cortar el pimiento verde guardado y la cebolla blanca en trozos.

3. Lave y limpie los tomates cherry.

4. Alterne los tomates cherry, el pimiento verde, la cebolla blanca y el pollo marinado en los pinchos y la parrilla hasta que el pollo esté cocido.

5. Cuando los kebabs estén a la parrilla, ase la pita hasta que estén tostados. Cepille la pita tostada con 2 cucharadas de humus.

6. Sirva el kebab con la paleta de leche de pita y fresa (vea los postres).

Sándwich de Mozzarella y tomate

Sirve para: 1

Ingredientes:

- 1 pieza rollo de baguette francés de 6 pulgadas (3 pulgadas de diámetro)
- Un tercio de taza de queso mozzarella con 33% de grasa reducida, rallado
- 2 tomates rojos grandes
- Orégano seco y albahaca seca, para rociar, opcional

Indicaciones:

1. De manera longitudinal, rebana la baguette francesa en dos mitades. Divida el queso entre las dos mitades, espolvoreando sobre los lados cortados.

2. Poner el pan en un horno y hornéelas a 250F durante 4-6 minutos o hasta que el queso se esté empezando a derretir.

3. Mientras tanto, cortar los tomates en rodajas de 1/2 pulgada.

4. Retire del horno la baguette tostada. Si se desea, espolvorear con orégano seco y albahaca seca. Cubra con las rodajas de tomates. Servir.

5. Servir con 1 paleta de leche de fresa reservada para el postre.

Lubina Mediterránea a la Plancha

Sirve para: 2

Ingredientes:

- Plus 1/2 limón
- 1 1/2 cucharadas de aceite de oliva
- 1/2 cucharada de hojas de orégano fresco, picado
- 1/2 cucharadita de cilantro molido
- 1/2 más 1/4 cucharadita de sal
- 1 lubina entera
- 1/8 cucharadita de pimienta negra molida
- 1 ramita de orégano de buen tamaño

Para servir:

- 1/2 bolsa de rúcula bebé, guarde la otra mitad para el Almuerzo del Día 4
- 1 oreja de maíz
- 1 taza de arvejas con azúcar, cocidas

- 2 cucharaditas de margarina ligera libre de grasas trans

Indicaciones:

1. Precaliente una parrilla de gas o prepare una fogata de carbón para asar directamente a fuego medio.

2. Mientras tanto, de 1 limón, rallar 1 cucharada de cáscara y exprimir 2 cucharadas de jugo. La mitad de 1/2 limón cortado en gajos y la otra mitad en rodajas.

3. En un tazón de tamaño pequeño, mezcle el cilantro, las hojas de orégano picadas, el aceite de oliva, la cáscara de limón y el jugo y 1/4 de cucharadita de sal.

4. Lave la lubina y séquela con toallas de papel. Usando un cuchillo afilado, cortar 3 barras a ambos lados del pescado.

5. Rocíe el exterior y el interior del pescado con la pimienta y la sal restante. Coloque las ramitas de orégano y las rodajas de limón dentro de la cavidad del pescado.

6. Poner el pescado en un recipiente para hornear de vidrio de 9x13 pulgadas. Frote el exterior del pescado con 1/2 de la mezcla de aceite de oliva. Deje el pescado reposar durante 15 minutos a temperatura ambiente. Reservar el resto de la mezcla de aceite de oliva para rociar sobre el pescado cocido.

7. Engrase ligeramente la rejilla de la parrilla y coloque el pescado en la bandeja caliente. Cubra y asa el pescado durante aproximadamente 12-14 minutos o hasta que el pescado esté cocido y opaco por completo. El pez está listo cuando la parte más gruesa se descascara fácilmente cuando se prueba

con un tenedor. Gire el pescado una vez durante la preparación.

8. Para servir, poner el pescado sobre una tabla de cortar. Usando un cuchillo, moviéndose de la cabeza a la cola, corte a lo largo de la espina dorsal del pez. Deslice un servidor de pastel completo o una espátula de metal debajo de la sección frontal del filete superior y levántelo de la columna vertebral. Pasar a un plato para servir.

9. Saque con cuidado las costillas y la columna vertebral del resto del filete. Deseche los huesos. Transfiera el filete inferior a un recipiente con tapa y reserve para el almuerzo del día 4.

10. Rocíe los dos filetes con la mezcla restante de aceite de oliva. Sirva el filete superior con rodajas de limón. Refrigere el filete inferior.

11. Servir el filete con la rúcula bebé.

12. Mezcle el maíz y los frijoles dulces con la margarina y sirva a un lado.

13. Disfrute 1 barra de jugo de fruta congelada para el postre.

Pollo Agridulce Mediterráneo

Sirve para: 1

Ingredientes:

- 1/4 de cucharadita de aceite de oliva
- 2 muslos de pollo pequeños, sin piel
- 1/16 cucharadita de sal
- 1/2 diente de ajo
- 1/8 de taza de caldo de pollo
- 1/8 taza de vinagre de vino rojo
- 1/4 cucharadita de maicena
- 1/4 cucharadita de azúcar morena
- 3/16 tazas Higos de misión
- 1/16 tazas de aceitunas para ensalada
- ¼ bolsa de rúcula bebé

Indicaciones:

1. Ponga el aceite de oliva en una sartén antiadherente y caliente. Cuando el aceite esté caliente, agregue el pollo y espolvoréelo con sal; cocínelos durante aproximadamente 17-20 minutos o hasta que estén dorados. Los jugos de la parte más gruesa se hacen transparentes cuando se perforan con la punta de un cuchillo. Girar el pollo una vez durante la cocción.

2. Mientras tanto, en una taza, mezclar el azúcar, maicena, vinagre y caldo usando un batidor de alambre.

3. Cuando el pollo esté cocinado, transferir el pollo a un plato.

4. Añadir el ajo a la sartén; saltear durante 30 segundos.

5. Revuelva la mezcla de caldo y luego agregue en la sartén; caliente hasta que hierva durante 1 minuto, revolviendo para aflojar los trozos dorados del

fondo de la sartén, hasta que la salsa esté ligeramente espesa. Agregue las aceitunas y los higos.

6. Regrese el pollo a la sartén y caliente.

7. Para servir, coloca la rúcula en un plato y coloca la mezcla de pollo sobre la rúcula.

8. Sirva con media taza de arroz integral cocido con 2 cucharaditas de margarina ligera (libre de grasas trans)

9. ¡Disfrute de 4 onzas de vino!

Ensalada de Verano de Camarones y Albahaca

Sirve para: 1

Ingredientes:

- 9 camarones de tamaño grande o 12 de tamaño mediano (aproximadamente 3 onzas)
- 2 tazas de lechuga

Para la marinada de albahaca:

- Un cuarto de taza de vino de vinagre blanco
- 1 cucharadita de aceite de oliva
- 1 cucharada de jugo de limón
- 1 cucharadita de albahaca seca o 1/8 taza de albahaca fresca, picada

Indicaciones:

1. Batir los ingredientes de la marinada hasta combinar. Mezcle los camarones con el adobo y dejar macerar durante al menos 30 minutos o durante la noche.

2. Ase los camarones hasta que estén cocidos.

3. Coloque 2 tazas de lechuga. Ponga los camarones a la parrilla en la cama de lechuga y mézclelos en los vegetales para extender el sabor.

4. Sirva con 1 taza de arándanos.

5. Para el postre, sirva la paleta de leche de fresa restante.

Pollo a la plancha y ensalada griega

Sirve para: 1

Ingredientes:

- 3 onzas de pechuga de pollo
- 3 cucharadas de aderezo italiano, sin grasa
- 9 patatas pequeñas
- Aceite de oliva en aerosol
- Pizca de pimienta

Para servir:

- Una y media tazas de lechuga romana
- 1 cucharada de aceitunas negras, rebanadas
- Media onza de queso feta, descremado, desmenuzado

Para la salsa:

- 1/2 cucharadita de albahaca seca
- 2 cucharaditas de aceite de oliva
- 1/2 cucharadita de albahaca seca

- 1 diente de ajo, picado
- Un par de batidos de pimienta negra

Indicaciones:

1. Marinar el pollo con el aderezo italiano durante al menos 30 minutos o toda la noche. Rocíe las papas con aceite de oliva y espolvoree con la pimienta negra.
2. Parrilla el pollo y las papas hasta que se cocinen.
3. Sirva 5 de las papas a la parrilla ahora y reserve 4 para el Almuerzo del Día 2.
4. Batir todos los ingredientes del aderezo hasta combinar.
5. Colocar la lechuga en un plato con las aceitunas, queso feta y rociar con el aderezo.
6. Servir el pollo y las papas con la ensalada.

Carne picada desmenuzada con cuscús de tomate y espárragos

Sirve para: 1

Ingredientes:

- 2 onzas de cuscús seco
- 4 onzas de empanada de carne molida, magra 90% -92%
- 10 lanzas de espárrago
- Aceite antiadherente en aerosol
- Tres cuartos de taza de salsa de espagueti envasada

Para servir:

- 4 onzas de vino

Indicaciones:

1. Cocinar el cuscús según las instrucciones del paquete.

2. Engrase la empanada de carne y espárragos con aceite de oliva y asar hasta que esté cocido al gusto.

3. Cuando esté cocida, desmenuzar la empanada de carne de res en el cuscús cocido. Picar las lanzas de espárragos y agregar a la mezcla.

4. Cubra con la salsa y sirva con vino.

Pargo a la Parrilla o Halibut

Sirve para: 2

Ingredientes:

- 1/2 de cebolla, cortada en rebanadas redondas
- 1 lata (8 onzas) de tomates cortados en cubitos (sin sal agregada)
- 12 onzas de pargo o mero

Para servir:

- 1 taza de arroz integral, cocido (media taza por porción)

Para el postre:

- Jugo de fruta de barra congelada (cantidad límite de 90 calorías)

Indicaciones:

1. Forme un cuenco resistente de 10 pulgadas de diámetro de varios trozos de papel de aluminio, doblando los bordes un poco.

2. Poner los tomates en cubitos en el recipiente de papel aluminio. Coloque el pargo o mero encima de los tomates. Ase hasta que el pescado esté cocido o se desmenuce fácilmente cuando se pruebe con un tenedor. Ase las cebollas en rodajas junto con el pescado y los tomates hasta que estén cocidos.

3. Divida el pescado a la parrilla, los tomates y la cebolla sobre el arroz integral. Servir.

4. Disfrute de una barra de jugos de fruta congelada para el postre.

Pan plano con espinacas y feta

Sirve para: 1

Ingredientes:

- 1 pieza de pan pita de 6 1/2 pulgadas, trigo integral
- 3/4 de taza de hojas de espinaca bebé
- 2 cucharadas de queso feta, grasa reducida
- 1 cebollín, picado
- 1/2 cucharadita de jugo de limón
- Pimienta, al gusto
- Antiadherente en aerosol, para cocinar la pita

Para servir:

- 2 tazas de hojas de espinaca
- Un octavo de taza de cebolla roja, picada
- Un cuarto de taza de calabacín, cortado en dados
- 2 cucharadas de aderezo, con grasa
- 2 cucharadas de piñones, tostados

Para el postre:

- Paletas de chocolate, ver receta

Indicaciones:

1. Abra el pan de pita, coloque el resto de los ingredientes dentro del pan.
2. Engrasar una sartén antiadherente con el aerosol.
3. Coloque el hueso en la sartén y ase a la parrilla por cada lado durante 2 minutos.
4. Servir con las hojas de espinacas con el resto de los ingredientes para servir.
5. Disfrute de un helado de chocolate para el postre.

Orzo y vieiras

Sirve para: 1

Ingredientes:

- 2/3 de taza de orzo cocido
- 1/2 de cebolla roja, en rodajas, guarde el resto para la Cena del Día 7
- 1/2 de berenjena, cortada en rodajas, guarde el resto para la Cena del Día 7
- 16 vieiras

Para la marinada:

- Un cuarto taza aderezo italiano o estilo toscano
- Media taza de jugo de manzana
- Para servir: 4 onzas de vino

Indicaciones:

1. Cocinar el orzo según las instrucciones del paquete.
2. Mezclar los ingredientes del adobo. Divida en dos porciones. Guarde 1 porción para hilvanar las vieiras.
3. Ponga las vieiras en la marinada restante y deje marinar durante 30 minutos.
4. Después de marinar, deseche la marinada de vieiras.
5. Ase las verduras hasta que estén cocidas, rociando con el adobo guardado.
6. Ase las vieiras por unos 2 minutos a cada lado y cepille con el adobo guardado.
7. Coloque encima del orzo verduras a la parrilla y vieiras.
8. ¡Disfrute con vino!

Verduras asadas al estilo Mediterráneo

Sirve para: 2

Ingredientes:

- 1 calabacín en rodajas
- 2 pimientos de cualquier color, rebanados
- Vegetales restantes de la Cena del Día 6 de la Semana 2 (media cebolla roja y media berenjena), en rodajas
- 1 cucharada de aceite de oliva
- 2 cucharadas de humus
- 1-2 cucharaditas de orégano seco
- 1/2 cucharadita de sal
- Batido de pimienta negra

Indicaciones:

1. Poner las verduras en papel de aluminio. Rociar con el aceite de oliva y sazone con el orégano seco, sal y pimienta negra.

2. Envuelva totalmente el papel de aluminio alrededor de las verduras. Ase durante unos 10 minutos cada lado.

3. Servir con la mitad de pita restante del Desayuno del día 7. Ase la pita durante aproximadamente 1-2 minutos y unte con el humus.

Capítulo 11: Postres

Paletas de leche de fresa

Sirve para: 3

Ingredientes:

- 1 taza de leche descremada
- 1 cucharada de mezcla de bebida de fresa

Indicaciones:

1. Ponga la leche en un vaso de gran tamaño y agregue la mezcla de bebida de fresa.
2. Vierta la mezcla en 3 moldes para paletas y congele durante la noche. Puede servir las paletas como un postre saludable. Servir 1 y guardar las 2 paletas restantes para los postres del Día 2 y Día 7.

Paletas de chocolate

Sirve para: 3

Ingredientes:

- 8 onzas de leche descremada
- 2 cucharaditas de sirope de chocolate

Indicaciones:

1. Mezcle la leche y el sirope de chocolate hasta que estén bien combinados.
2. Vierta en 3 moldes para paletas y refrigere hasta que se congelen.

Palabras Finales

¡Gracias de nuevo por la compra de este libro!

Realmente espero que este libro sea capaz de ayudarle.

El siguiente paso es que se una a nuestro boletín de correo electrónico para recibir actualizaciones sobre los próximos lanzamientos de libro o promociones. ¡Usted puede registrarse de forma gratuita y como beneficio adicional, también recibirá nuestro libro "7 Errores del Fitness Que No Sabe Que Está Cometiendo"! Este libro de bono analiza muchos de los errores más comunes del fitness y desmitifica muchas de las complejidades y la ciencia de entrar en forma. ¡Tener todo este conocimiento y ciencia del fitness organizados en un útil libro paso a paso lo ayudará a comenzar en la dirección correcta en su viaje de entrenamiento! Para unirse a nuestro boletín gratis y obtener su libro gratis, por favor visite el enlace y regístrese: www.hmwpublishing.com/gift

Por último, si le ha gustado este libro, entonces me gustaría pedirle un favor, ¿sería lo suficientemente bueno como para escribir una reseña? ¡Sería apreciado grandemente!

¡Gracias y buena suerte en su viaje!

Acerca del coautor

Mi nombre es George Kaplo; Soy un entrenador personal certificado de Montreal, Canadá. Comenzaré diciendo que no soy el hombre más grande que conocerás y este nunca ha sido mi objetivo. De hecho, comencé a entrenar para superar mi mayor inseguridad cuando era más joven, que era mi autoconfianza. Esto era debido a mi altura, que era solamente de 5 pies con 5 pulgadas (168 cm), lo que me empujó hacia intentar algo que nunca quería lograr en la vida. Usted puede que esté pasando por algunos desafíos en este momento, o simplemente puede querer ponerse en forma, y ciertamente puedo relacionarme.

Para mí, personalmente, siempre me interesó el mundo de la salud y el estado físico y quería ganar algo de músculo debido a la gran cantidad de acoso en mi adolescencia sobre mi estatura y mi cuerpo con sobrepeso. Pensé que no podía hacer nada acerca de mi altura, pero estaba seguro de que podía hacer algo acerca de cómo se veía mi cuerpo. Ese fue el comienzo de mi viaje de transformación. No tenía ni idea de dónde empezar, pero sólo comencé. Me sentí preocupado y atemorizado a veces de que otras personas se burlaran de mí por hacer los ejercicios de la manera incorrecta. Siempre deseé tener un amigo que estuviese a mi lado y que tuviera el conocimiento suficiente para ayudarme a comenzar y "mostrarme las cuerdas".

Después de mucho trabajo y estudio de innumerables ensayos y errores. Algunas personas comenzaron a notar cómo me estaba poniendo más en forma y cómo comenzaba a interesarme mucho por el tema. Esto hizo que muchos amigos y caras nuevas vinieran a verme y me pidieran consejos de entrenamiento. Al principio, parecía extraño cuando la gente me pedía que los ayudara a ponerse en forma. ¡Pero lo que me mantuvo en marcha fue cuando comenzaron a ver cambios en su propio cuerpo y me dijeron que era la primera vez que veían resultados reales! A partir de ahí, más personas siguieron viniendo a mí, y me hizo darme cuenta después de tanto leer y estudiar en este campo que me ayudó pero también me permitió ayudar a otros. Ahora soy un entrenador personal totalmente certificado y he entrenado a numerosos clientes hasta la fecha que han logrado resultados sorprendentes.

Hoy, mi hermano Alex Kaplo (también Entrenador Personal Certificado) y yo somos dueños y operadores de esta empresa editorial, donde traemos autores apasionados y expertos para escribir sobre temas de salud y ejercicio. También contamos con un sitio web de ejercicios en línea llamado "HelpMeWorkout.com" y me gustaría conectarme invitándolo a visitar el sitio web en la página siguiente y registrarse en nuestro boletín electrónico (incluso obtendrá un libro gratis). Por último, pero no menos importante, si usted se encuentra en la posición en la que estuve una vez y quiere orientación, no lo dude y pregúnteme... ¡Estaré allí para ayudarle!

Su amigo y entrenador,

George Kaplo
Entrenador Personal Certificado

Descargue otro libro Gratis

Quiero agradecerle por la compra de este libro y le ofrecemos otro libro (tan largo y valioso este libro), "Errores de Salud y Fitness que Usted no Sabe Que Está Cometiendo", completamente gratis.

Visite el siguiente enlace para registrarse y recibirlo: www.hmwpublishing.com/gift

¡En este libro, voy a analizar los errores en salud y fitness más comunes que usted probablemente está cometiendo ahora mismo, y voy a revelar cómo puede conseguir fácilmente la mejor forma de su vida!

Además de este valioso regalo, también tiene la oportunidad de obtener nuestros libros nuevos gratis, entrar en sorteos y recibir otros mensajes valiosos de mi parte. Una vez más, visite el enlace para registrarse: www.hmwpublishing.com/gift

2017 Copyright por APM Editorial - Todos los Derechos Reservados.

Este documento de HMW Publishing, propiedad de la compañía A & G Direct Inc, está orientado a proporcionar información exacta y confiable con respecto al tema y el problema cubierto. La publicación se vende con la idea de que el editor no está obligado a prestar servicios calificados, oficialmente autorizados o de otro modo calificados. Si es necesario un consejo, legal o profesional, se debe ordenar a un individuo practicado en la profesión.

De una Declaración de Principios que fue aceptada y aprobada por igual por un Comité del American Bar Association y un Comité de Editores y Asociaciones.

De ninguna manera es legal reproducir, duplicar ni transmitir ninguna parte de este documento en cualquier medio electrónico o en formato impreso. Queda prohibida la grabación de esta publicación y cualquier almacenamiento de información de este documento no es permitido salvo con autorización por escrito del editor. Todos los derechos reservados.

La información provista en este documento se afirma que es veraz y coherente, en el sentido de que cualquier responsabilidad, en términos de falta de atención o de otro tipo, por el uso o abuso de cualquier política, proceso o dirección contenida en el mismo es responsabilidad absoluta y exclusiva del lector receptor. Bajo ninguna circunstancia se responsabilizará o responsabilizará legalmente al editor por cualquier reparación, daño o pérdida monetaria debido a la información contenida en este documento, ya sea directa o indirectamente.

La información en este documento se ofrece únicamente con fines informativos, y es universal como tal. La presentación de la información es sin contrato o con algún tipo de garantía garantizada.

Las marcas comerciales que se utilizan son sin ningún consentimiento, y la publicación de la marca es sin el permiso o apoyo por parte del propietario de la marca. Todas las marcas comerciales y marcas dentro de este libro son solo para fines de aclaración y pertenecen a los propios propietarios, no están afiliados a este documento.

Para más libros geniales visite:

HMWPublishing.com

www.ingramcontent.com/pod-product-compliance
Lightning Source LLC
Chambersburg PA
CBHW071843080526
44589CB00012B/1091